教科書に書けないグローバリストに抗したヒトラーの真実

福井義高

Fukui Yoshitaka

ビジネス社

勝者と悔い改めた敗者が20世紀の歴史を支配してきた

ラッセル・ストルフィ

まえがき

20世紀最大の悪役、アドルフ・ヒトラーとヨシフ・スターリン。教科書的理解によれば、ヒトラーは歪んだ人種理論に基づき、武力による世界征服を目論み、最終的にドイツを破滅に追い込んだ狂信者であり、スターリンは共産主義の理想を裏切り、一国社会主義の名の下、類をみない圧政で国民を苦しめた独裁者といったところであろうか。

しかし、二人は自らが理想とする社会を実現しようとした本物の革命家であり、夢想家であると同時に遠大なビジョンを持った「ヴィジョナリー」(visionary)であった。一方、一寸先は闇の国際情勢のなかで自らの目的実現に向け妥協も辞さない現実政治家(Realpolitiker)でもあった。だからこそ、困難な状況のなか、それぞれドイツとソ連という大国の指導者となり、歴史にその悪名を残す存在になれたのである。

それでは二人の理想とは何だったのか。実は、教科書的理解は二人の革命家の目的をさかさまにしてしまっている。ウラジーミル・レーニンの忠実な使徒として世界革命という名の世界征服を目指していたのがスターリンであり、中欧に「国民社会主義」(Nationalsozialismus)という名のドイツ一国社会主義建設を目指していたのがヒトラーであったのだ。

20世紀はナショナリズムと社会主義が席巻した時代であった。そして、両者は必ずしも対立関係にあったわけではない。マルクス主義というインターナショナルな社会主義と並んで、ナショナリズムと社会主義を両立させる試みは、欧州でも日本でも大きな力を持った。

インターナショナルではなくナショナルな社会主義である。その一つがヒトラーの国民社会主義であり、ナショナルな社会主義は、それに尽きるわけではない（Weißmann, *Der Nationale Sozialismus*）。ヒトラーの「国民社会主義」が一語の固有名詞であるのに対し、「ナショナルな社会主義」は「ナショナル」が「社会主義」を形容する一般名称であることが、ドイツ語だと明確である。

日本でも同様の流れが存在した。むしろ戦前日本を指導した軍や政府官僚のデフォルト・ポジションは、ナショナリストであると同時に国家統制主義者すなわち社会主義者だったともいえる。岸信介はその典型例であろう。戦後世代の官僚にも今日に至るまで、この傾向は色濃く残っている。

ヒトラーは、伝統的ファシズム論が主張するような保守反動ではなく、階級社会の打破と社会の平等化が実現された民族共同体（Volksgemeinschaft）の確立を目指していた。

ドイツ語のVolkは英語にはぴったり対応する単語がない一方、日本語の「民族」に近いニュアンスを持つ。文化的一体性を示唆する「国民」（Nation）よりも、人種的要素を含んだ「民族」（Volk）の方が、ヒトラーを理解するうえで、より重要な概念である。

ちなみに、ヒトラー率いる国民社会主義ドイツ労働者党（Nationalsozialistische Deutsche Arbeiterpartei、以下「ＮＳＤＡＰ」）の機関紙は、Volkの形容詞を冠した「フェルキッシャー・ベオバハター」（Völkischer Beobachter）、意訳すると「民族時報」といったところであろうか。

ＮＳＤＡＰの御用憲法学者とされたオットー・ケルロイターは、国民社会主義における「血と土」（Blut und Boden）の重要性を強調し、フランス革命由来の人種的要素が希薄な国民概念に基づくイタリア・ファシズムとの違いを指摘している（Koellreutter, *Deutsche Verfassungsrecht*）。

実際、ファシズム運動には当初ユダヤ人も参加しており、独伊接近でベニート・ムッソリーニは表面的には反ユダヤを標榜するけれども、迫害は限定的で、１９４３年の対連合国降伏後にイタリアの一部がドイツの直接支配下に入るまで、ユダヤ人の組織的殺害は行われていない。ドイツ側から、ムッソリーニはユダヤ人を保護しているという批判まであった（De Felice, *The Jews in Fascist Italy*）。

なお、「ナチズム」という用語は、国民社会主義の蔑称であり、ヒトラーが用いなかったのはもちろん、現在もドイツの公式文書や学術文献では基本的に用いられておらず、本書もそれに倣っている。日本で共産主義者を「アカ」と表記しないのと同じである。ドイツ語で「ナチ」(Nazi)と対になるのが、社会(民主)主義者「ゾチ」(Sozi)、そして共産主義者「コチ」(Kozi)、日本語でいえば「アカ」である。そもそも、「ナチズム」という表現では、ヒトラーが目指していたのが、マルクスを祖とする国際共産主義とは異なるタイプであったにせよ、ある種の社会主義の実現であったことがわからなくなる。

本書では、スターリンが目指す世界革命の脅威を最も鋭敏に感じ取っていた一人であるヒトラーが、第一次世界大戦から第二次世界大戦に至るまで、自らの理想とする民族共同体を実現するため、どのような対外政策を繰り広げたのかを中心に描きたい。

世界革命を目指していたスターリンと違い、ヒトラーの場合、目指す民族共同体をどこで実現しようとしていたのかを知ることが、その行動を理解するうえで不可欠である。この、多くのヒトラー論でなおざりにされているポイントに、本書ではとくに注意を払った。

最初に結論を言ってしまえば、それは第二次大戦が始まる前の段階ですでにドイツ領土となっていた地域であった。ヒトラーが1939年9月のポーランド攻撃時すなわち大戦勃発時に、それ以上の東方侵略を計画していたという主張に根拠はない。

20世紀前半の戦間期は、世界政治が国家間（*international*）からグローバルなものに変容する過程であった。このまえがきを読んで、その歴史を、第二次大戦後に世界を支配することになる二つのグローバルな超大国に抗して、英国との協調の下でドイツ民族共同体確立を目指したヒトラーという国民社会主義革命家の軌跡を通じて描こうとした筆者の試みに興味を持たれた読者には、本文も読んでいただければ幸いである。

令和5年7月吉日　父 義男に

福井義高

まえがき――3

第一章 すべては、第一次大戦の不公平な戦後処理に遡る

第一次大戦はなぜ起こったか――16
「十一月の犯罪者」――19
予想外に苛酷なベルサイユ条約――21
領土と民族分布の不一致という大問題――23
無理に誕生させたポーランド、チェコスロバキア――26
小さな多民族国家がいくつも存在――29
一方的な軍備制限――31
第一次大戦の戦場から帰ってきたヒトラー――33
マルクス主義政党に対するヒトラーの主張――36
ワイマール共和国の発足――38
戦後体制の除け者・独ソ連携の始まり――42
レーニンの忠実な使徒スターリンの革命戦略――44

第二章 米国による欧州への介入の始まり

ルール占領とミュンヘン一揆――50
ハイパーインフレの影響は一時的――53
早くも国際連盟の無力が露呈――56
一旦確立したパックス・アメリカーナ――57
英仏独伊の集団安保体制の始まり――59
不戦条約で米国にいなされたフランス――61
西ではハト派、東ではタカ派のシュトレーゼマン――64

第三章 大恐慌後、ドイツ政治・経済の大混乱

大統領内閣の始まり――68
大混乱するブリューニング政権――71
総選挙でＮＳＤＡＰが躍進――74
社民党から支持を得たブリューニング政権――75

突撃隊は無法者ではなかった——79
デフレ政策でドイツ経済は沈んだまま——81
ポーランドのドイツ侵攻計画——84
スターリンはなぜポーランドと不可侵条約を結んだのか——86
失敗したヒトラーの政権取り込み——89
ナチスとコチスの共闘——90
ヒトラー政権阻止最後の試み——93
立憲主義が可能にしたヒトラー首相就任——96
パーペン、シュライヒャー政権からの継続——99

第四章 プロテスタントとスターリンが後押ししたヒトラーの政権獲得

好運だったヒトラー——102
スターリンが望んでいたドイツの新政権——107
プロテスタントからの圧倒的支持——110

下層中流仮説という神話――113
ヒトラーの平和外交を拒否したフランス――117
米国の減退、英国の復権――120
ポーランドには宥和外交を展開――122
危機を乗り切り全権を掌握したヒトラー――123

第五章 親英路線のムッソリーニとヒトラー

民主的なかたちでなされた政権への信任――130
緊張関係が続いていた独伊二国――132
苦境に陥ったイタリアを支援したドイツ――135
独伊支援の下で勝利したスペインのフランコ将軍――137
英国はドイツへの制裁に反対――140
同床異夢の日独防共協定――144
ルーズベルト大統領の隔離演説――147
「ホスバッハ覚書」に示されたヒトラーの生存圏――149

ポーランド、ハンガリーとの友好関係を重要視――154
ヒトラーと距離を置く伝統的支配層の報告書と同じ方向性――157

第六章 スターリンとルーズベルトの強固な戦争意志

チェンバレンも容認していた平和的併合――162
正統性に疑問符が付くシュシュニック首相――165
オーストリア国民の圧倒的賛成を得た合併――167
ヒトラーを挑発するチェコスロバキア大統領――170
二回行われた英独首脳会談――173
英仏独伊首脳によるミュンヘン会談――176
「ライヒ水晶の夜」とその後――181
英国とドイツの対立を煽るルーズベルト――184
世界革命への独裁体制を確立したスターリン――187
反ヒトラー派の悲劇的愚かさ――190
「我々が望むのは、ドイツ経済を完全に破壊することである」――192

第七章　ドイツから英国に乗り換えたポーランド

ポーランドのかたくなな態度で進まないダンチヒ返還――198
それでもポーランドとの連携をあきらめなかったヒトラー――202
ついに国際政治の表舞台に登場したスターリン――206
チェコとメーメル地方併合――207
ヒトラーの誤算、英国の宥和政策の終わり――212
英国を翻弄するポーランド――216
ルーズベルトをコケにしたヒトラー――221
独伊・同床異夢の鋼鉄協約――223

第八章　世界革命を目指すスターリンの勝利

是が非でもソ連を味方に付けておきたい英仏――230
同時並行で行われた独ソ間の連携交渉――232

もはやソ連しか選択肢は残っていなかった――235
「ヒトラー対ソ攻撃・ウクライナ征服発言」？――238
不倶戴天の敵たるソ連との連携――239
独ソ不可侵条約締結後のヒトラーの行動――241
英国は米国に対し、ポーランドへの圧力を望んだ――244
何度も攻撃開始日を延期したヒトラー――247
政治的に死んだヒトラー――252
開戦間もない時期のドイツからの和平提案――254
世界革命実現に近づいたスターリン――255
スターリン、チャーチル、ルーズベルトの責任――259

ヒトラーのビジョン――あとがきにかえて――263

第一章

すべては、第一次大戦の不公平な戦後処理に遡る

第一次大戦はなぜ起こったか

もし第一次大戦が起こらなかったら、ヒトラーとスターリンはどのような人生を送っていたであろうか。

学歴はなかったけれども、ヒトラーの芸術的才能には非凡なものがあり、画家あるいは建築家として成功していたかもしれない。ドイツの強制労働を利用した戦時経済に大きな役割を果たしながら、ニュルンベルク裁判で連合国の意に沿った証言をすることで死刑を免れた、自身優れた建築家であったアルベルト・シュペーアは、ヒトラーの建築家としての才能を高く評価している（Speer, *Erinnerungen*）。また、ヒトラーが政治活動を始めたときからの友人で側近だったのに戦争前に米国に亡命した、自身ピアノをよくしたエルンスト・ハンフシュテンゲルは、ヒトラーが愛したリヒャルト・ワーグナーの音楽に対する理解が本格的なものだったと述べている（Hanfstaengl, *Zwischen Weißem und Braunem Haus*）。

スターリンの場合、大戦がなければロシア革命はなく、帝政ロシアでそれまで同様、入獄をくり返す非合法革命運動家として一生を終えたか、ロシアの体制内改革が進むなか合法活動に転じ、左翼政治家として成功を収めたかもしれない。

しかし、１９１４年に始まった第一次大戦はナポレオン戦争後の安定した欧州の終わり

図1　第一次大戦直前（1914年6月）

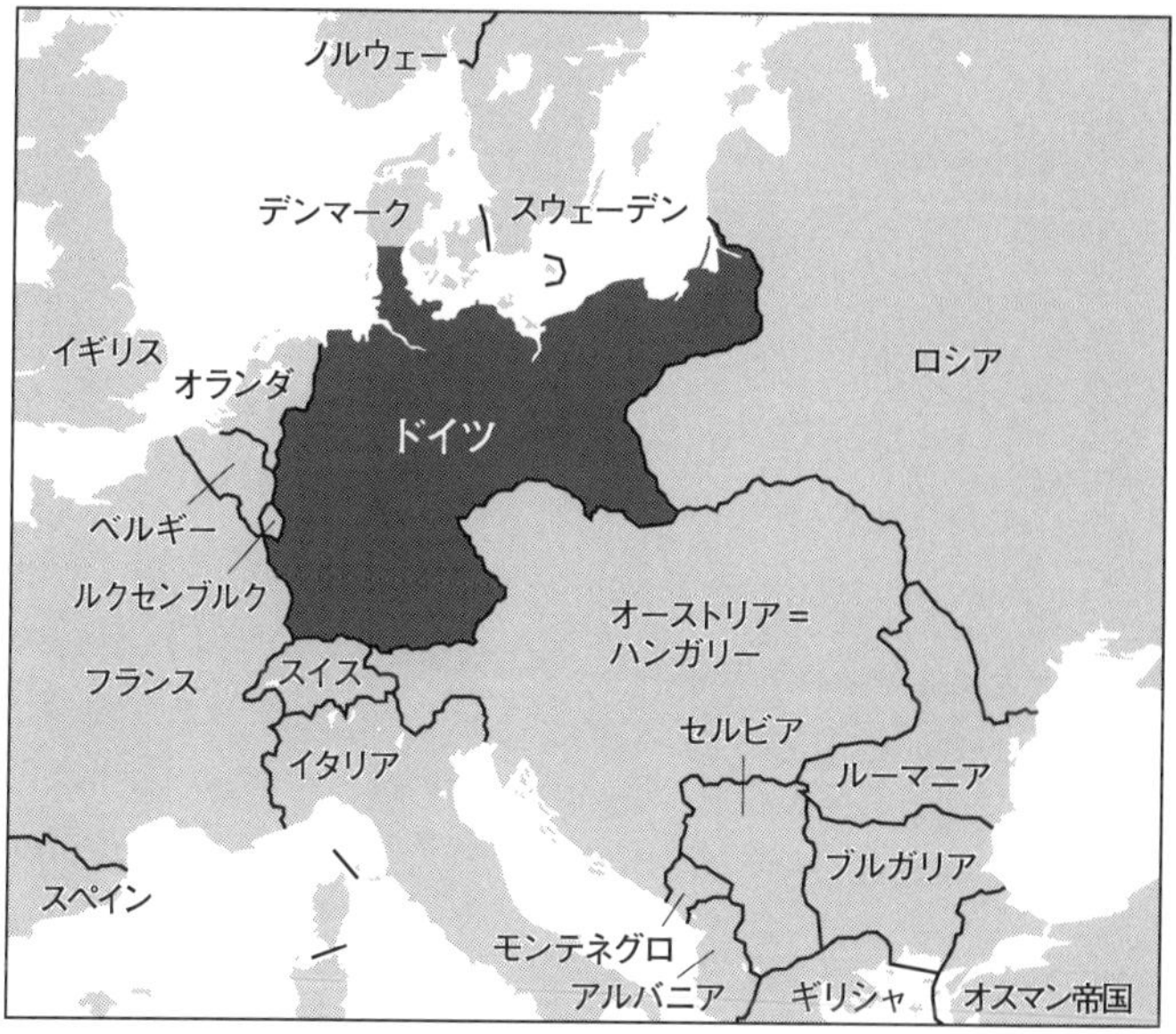

を意味し、ヒトラーとスターリンのみならず、世界中の人々の人生を大きく変えることになる。

まず、ドイツの状況からみてみよう。

17世紀の三十年戦争で戦場となったドイツは荒廃し、その後、小国に分立したまま、19世紀を迎える。こうしたなか、最初はドイツ東部の小国だったプロイセンの宰相オットー・ビスマルクによる1871年のドイツ統一国家誕生以来、ドイツの経済的躍進は著しく、その将来は約束されているように思われた。しかし、いくつかの幸運が重なり悲願の統一を果たしたドイツという存在を英国やフランスは決して歓迎していなかった。フランスにとっては、隣に自国と同等かそれ以上の国力を持つ統一国家が登場したことは脅威であり、英国にとっては、フランスを牽制するうえで持ち駒のひとつとして利用できた小国プロイセンと違い、欧州の覇者となりかねない統一ドイツは危険な存在であった。

ドイツ統一をなしとげたビスマルクは、英仏の敵意を十分理解し、これ以上の野心はなく満足した国家（saturierte Macht）として、ドイツ包囲網が築かれないよう、慎重な外交で欧州の現状維持に心血を注ぐ。ところが、新皇帝ヴィルヘルム二世はビスマルクを退け、海軍増強で当時の覇者英国との対立を抜き差しならぬものにしてしまう。こうしたなか、欧州の辺境ともいえるバルカンを発火点として、誰も想定していなかった長期にわたる、国を挙げた総力戦が1914年に始まったのである。

最終的に、ドイツは同盟国オーストリア＝ハンガリーとともに、英国、フランス、ロシアを主力とする連合国との二正面戦争を余儀なくされたうえ、同盟国だったイタリアが1916年に、さらに1917年には前年の大統領選で中立堅持を公約に掲げて再選した米国のウッドロウ・ウィルソン大統領が連合国側で参戦する方針に転換、総力戦体制の下、エーリッヒ・ルーデンドルフ将軍が事実上、全権を掌握していたドイツは追い込まれる。ロシア革命でロシア（ソ連）が戦争から離脱し、1918年3月のブレスト＝リトフスク条約で、事実上、東部戦線ではドイツの勝利が確定した。しかし、ドイツは、結局、1918年11月11日に降伏する。

「十一月の犯罪者」

無条件降伏を掲げた第二次大戦時の連合国と異なり、ウィルソン米大統領による十四カ条の平和原則公表で、寛大な講和条約が可能との期待の下、10月にドイツは休戦交渉に入る。連合国側の条件であった、皇帝の政治的権能の制限と議会権限の強化を受け入れたものの、国内で革命機運が盛り上がり、統治能力を失ったマックス・フォン・バーデン首相は11月9日に皇帝退位を発表、政権を社民党（Sozialdemokratische Partei Deutschlands）のフリードリヒ・エーベルトに譲った。

11月11日の降伏は、戦闘に敗れた結果というより、社民党内の反戦グループが離脱し結成した独立社民党やその一部を構成した共産主義勢力「スパルタクス団」といった左翼主導の反戦ストライキや、数十万人規模の犠牲者をもたらした連合国海軍の海上封鎖による飢餓蔓延で民心が離反し、自滅したためともいえる。降伏時、ドイツ軍は連合国軍のドイツ領土侵入を許さず、領土外で戦っていたのである。

こうした事実から、社民党を中心とする戦後の政権指導者たちは、ヒトラーのみならず広範な反共和国勢力から「十一月の犯罪者」(Novemberverbrecher)と非難され、社会主義者に背後から刺されたとする「匕首伝説」が喧伝されて、戦後政治に大きな影響を及ぼした。今日の通説では、根拠のないデマということになっている。

確かに、消耗戦となればドイツが英米に太刀打ちできるはずもなく、敗北は時間の問題であっただろう。しかし、敵陣内で戦っているときに、それまでの反体制勢力から構成された新政府が降伏したことに、前線の兵士が納得できなかったのも当然であろう。戦場で負傷し、なんども勲章を受けたヒトラーもその一人である。ヒトラーが勇敢な兵士であったという事実は、ナショナリスト勢力に対する大きなアピールポイントであり、ヒトラーが第一級鉄十字章と戦傷章を常時身に着けていたことは、写真や映像でも確認できる。

現実に起こった突然の体制崩壊とは異なり、国内で団結し一致して休戦交渉に当たれば、より有利な条件で講和となった可能性は否定できない。その意味で、「匕首伝説」は全くの嘘とは言えないであろう。ある程度のリアリティーがあったからこそ、政治スローガンとして有効だったのである。

とはいえ、共産主義革命に反対する改良主義者エーベルトを中心とする社民党主流派は、円滑な体制移行を目指して、革命勢力を排除し、なんとか軟着陸を図ろうとしたのであって、実際、それに成功し、共産主義者からドイツを守ったともいえる。エーベルト政権は、1919年1月、スパルタクス団を主体として結成されたドイツ共産党（Kommunistische Partei Deutschlands）による武装蜂起を封じ込め、その過程で指導者だったカール・リープクネヒトやローザ・ルクセンブルクは殺害された。

そして、この後、共和国政権はヒトラー率いるNSDAPとソ連すなわちスターリンに盲従する共産党という両極からの攻撃にさらされることになる。

予想外に苛酷なベルサイユ条約

1919年6月に調印されたベルサイユ条約はドイツにとって予想外に苛酷なものであった。戦争が主権国家の政策遂行の一環とされていた第一次大戦までの国際法を覆し、戦争そのものが断罪され、ドイツと同盟国のみに責任があるとされた。いわゆる「単独責任」（Alleinschuld）論である。領土を奪われただけでなく、皇帝は戦争犯罪人に指名され

（ただし中立国オランダに亡命）、巨額の賠償金（支払いが確定した分だけで年間ＧＤＰに相当する額）が科せられた。

ドイツではこれは「条約」ではなく「命令」（Diktat）だとして、全国民的反発を招く。しかし、海上封鎖継続でさらなる餓死者を出すことも辞さないという連合国の強硬姿勢のなか、ドイツは調印に応じる。米国は議会の反対で調印せず、別に単独で条約を結び、ベルサイユ条約とセットだった国際連盟にも加盟しなかった。

連合軍最高司令官だったフランスのフェルディナン・フォッシュ元帥はベルサイユ条約について、「これは和平ではなく、20年の休戦だ」と言ったとされる。実際、条約からちょうど20年後の１９３９年に第二次大戦が始まった。欧州では、ウィンストン・チャーチルをはじめ、第一次大戦開始から第二次大戦終結までを一括し、20世紀の三十年戦争と捉える見方は珍しくない。また、全体主義研究の泰斗エルンスト・ノルテはロシア革命から第二次大戦終結までを、ヒトラーの国民社会主義とレーニン・スターリンの国際共産主義を軸に「欧州の内戦」という観点から分析している（Nolte, *Der europäische Bürgerkrieg 1917-1945*）。

ヒトラーは第一次大戦の失敗を教訓にして、国際社会におけるドイツ民族共同体のあり方を考えた。それは英国との協調、海上封鎖に耐えうる自給自足可能な生存圏（Lebensraum）の確保、そして、戦争における二正面作戦の忌避である。実際、ヒトラーは一貫して、この方針を堅持し、あと一歩のところで挫折するのである。

領土と民族分布の不一致という大問題

対独のベルサイユ条約をはじめとする講和条約は、敗者に対して苛酷であるばかりでなく、多くの問題を先送りにした点で戦後政治を困難なものにした。特に領土と民族分布の不一致が最終的に第二次大戦の直接の原因となった。

ドイツにとってとりわけ重要な領土問題は、後述するポーランドに対するドイツ東部の領土喪失とザール地方の帰属未定、そしてラインラントにおける実質的主権喪失である。その他、ドイツはベルギー、デンマークにも領土を割譲し、国際管理下に置かれるはずだったメーメル地方はリトアニアに武力で併合され、連合国も追認した。

連合国のなかでとりわけドイツに厳しくあたったのが、自国が戦場となり大きな犠牲を払ったフランスであった。ドイツ統一の契機となった普仏戦争（1870〜1871年）でドイツ領となったアルザス・ロレーヌをフランス領とすることは国際的に承認されたものの、有数の産炭地で工業が盛んなザール地方も仏領とする試みは、英米の反対で実現できなかった。そのかわり、国際連盟管理の下、炭鉱開発の権利はフランスに与えられ、15年後に住民投票で最終的な帰属を決定することになった。しかし、後述する上シレジアの例が示すように、住民投票の結果が尊重されるかどうか不透明であった。

さらに、独仏国境地帯であるライン川沿岸のラインラントはドイツの文化経済の一大中心地であり、形式的にはドイツ領にとどまったものの、非武装地帯とされ、ドイツが一切軍事的に関与できなくなった。一方、連合国は1935年まで駐留する権利を得て、実際に1930年まで駐留した。事実上の占領継続である。

そして、東部で国境を接するポーランドとの敵対的関係である。ポーランドといえば、ドイツとソ連という二大国に挟まれた悲劇の小国として同情的に語られることが多いけれども、そうした見方では、戦間期の欧州を理解することはできない。第一次大戦の結果、弱体化したドイツとソ連を尻目に、ポーランドは東欧の覇者として、大国路線を追求し、欧州の波乱要因となる。

それでもドイツはまだましであった。一部割譲を余儀なくされたとはいえ、領土の大半を維持したまま、直接選挙制のライヒ大統領（Reichspräsident）を元首とし、比例代表制のライヒ議会（Reichstag）の信任を得て選ばれるライヒ首相（Reichskanzler）が行政を取り仕切る、ドイツライヒ（Deutsches Reich）、通称ワイマール共和国として再スタートを切ることができた。

なお、ヒトラー統治下のドイツを指すDrittes Reichは「第三帝国」と訳されているけれども、ライヒに日本人が通常考えるような帝国という意味はない。ライヒとは統一されたドイツ国といったニュアンスの用語である。英語にはThird Empireという訳語もあるけれど、そのままThird Reichとすることが多い。ちなみに、第二次大戦後、西ドイツではライヒという表現は用いられなくなったものの、ソ連の衛星国となった東ドイツの国鉄は戦前のまま、ライヒ鉄道（Reichsbahn）と呼ばれていた。西ドイツそして再統一されたドイツではライヒに代わって「連邦」（Bund）が用いられている。

ドイツとともに戦い敗れた二つの帝国の運命はドイツよりさらに苛酷なものとなった。オスマン帝国は完全に解体され、アナトリア半島以外の大部分、現在のイスラエルを含む中東諸国に相当する領土が国際連盟の「委任統治領」として、事実上、英仏の領土となった。非白人には民族自決など全く無縁であったのだ。この地域は、今も英仏帝国主義の負の遺産を引きずったまま、国際政治の波乱要因でありつづけている。

中東欧にまたがる欧州屈指の大国だったオーストリア＝ハンガリー帝国も解体され、いくつもの新しい国家が誕生し、オーストリアはドイツ人からなる一小国となる。そのため、オーストリア国民はドイツとの合併を熱望し、ドイツ国民も歓迎した。ところが、連合国はここでも民族自決という自らが唱えた原則を踏みにじり、合併を認めなかった。ドイツ人の地である南チロルもイタリア領となった。

無理に誕生させたポーランド、チェコスロバキア

ドイツの領土割譲、オーストリア＝ハンガリーの解体に伴って、連合国の後押しで誕生したポーランド、チェコスロバキア、ユーゴスラビアは、これもまた民族自決を無視した国家であった。とくにフランスの対独包囲網を構成することになるポーランドとチェコスロバキアについては、以下のような状況であった。

新生ポーランドではポーランド人が過半数を占めたものの、人口の1割を占める欧州最大規模のユダヤ人のみならず、多くのドイツ人・ウクライナ人・ベラルーシ人を抱えることとなった。ポーランドに海への出口を確保するというウィルソン米大統領の約束どおり、ドイツ人とポーランド人が混住する西プロイセンとポーゼンがドイツから切り離されてポ

ーランド領となったうえ、ほとんどドイツ人だけの都市ダンチヒが国際連盟とポーランドの共同管理下で住民自治が行われるというかたちで、ドイツから切り離された。そのため、ドイツにとどまった東プロイセンが本土と離れ離れの飛び地となってしまった。

さらに、住民投票により帰属を決定することとなった上シレジアは、投票の結果、ドイツ帰属賛成が多数となったにもかかわらず、工業地帯の東部ではポーランド帰属賛成が多数だったという理由で、東部はドイツから切り離されポーランド領となった。

またロシア革命後、レフ・トロツキー国防相（軍事人民委員）主導の下、欧州赤化を目指し西進するソ連赤軍と直接対峙したポーランド軍は、フランスの支援を受けて、ミハイル・トハチェフスキー率いる赤軍に勝利し、ウクライナとベラルーシの西部を獲得する。この地域は、ポーランドから見れば「東ポーランド」、ソ連から見れば「西ウクライナ・西ベラルーシ」ということになる。ソ連崩壊後、現在では独立国となったウクライナとベラルーシの西部地域となっている。ポーランド軍を率いたのが、戦間期の同国を支配したユゼフ・ピウスツキ元帥である。

チェコスロバキアの場合、チェコ人とスロバキア人は同じスラブ系とはいえ、オーストリア＝ハンガリー帝国では、チェコはオーストリア、スロバキアはハンガリーに属しており、政治的関係は薄かった。さらに、チェコではドイツ人が人口の3割を占め、ズデーテン地方ではドイツ人が多数派であり、国全体でも人口の2割がドイツ人でスロバキア人よりも多かった。人口だけでいえば、チェコスロバキアというより「チェコゲルマニア」だったのである（Stolfi, *Hitler*）。

また、スロバキアではハンガリー人が2割を占め、さらにスロバキアの東端にはウクライナ人が住むカルパト・ウクライナ（カルパティア・ルテニア）が存在した。多民族国家の被支配民族となったドイツ人、ハンガリー人、ウクライナ人だけでなく、対等のはずのスロバキア人の間でも、全体の人口の半分を占め国政を牛耳ったチェコ人への反感は強かった。

なお、ポーランドとチェコスロバキアはフランスのジュニアパートナーとして対独包囲網を構成することになったけれども、両国関係は友好的とは言い難く、ポーランドはむしろ、チェコ人主導のチェコスロバキアと対立するハンガリーに接近する。ソ連寄りのチェコスロバキアに対し、ポーランドとハンガリーは反ソで一致していた。

以上に示したような第一次大戦の公平性を欠く戦後処理をみれば、ドイツによる再軍備、ラインラント進駐、オーストリアとズデーテン地方の併合、そして結果的に第二次大戦の始まりとなった、ダンチヒ返還交渉決裂を直接の原因とするポーランド攻撃といった、ヒトラーが主導した一連の行動を、通説のように単なる一方的な侵略のプロセスと捉えることはできない。

小さな多民族国家がいくつも存在

第一次大戦後、反帝国主義の観点から、さらに推進すべきとされた民族自決の流れは、国民国家をあるべき政治体制とするものであるのと裏腹に、必然的に少数民族を抱えることになる多民族国家の正当性を揺るがすことになる。しかし、多民族帝国であったオーストリア＝ハンガリーの解体で示されたように、民族が地域ごとにまとまって住んでいたわけではなく、複数の民族がかつての帝国内に混住していた。その結果、第一次大戦後に独立した中東欧諸国は、それぞれが国民国家とはならず、小さな多民族国家がいくつも存在することになったのである。

そもそも、欧州ではプロテスタントかカトリックかという宗教の違いが人々のアイデンティティに大きな意味を持ち、19世紀にナショナリズムが高揚するまで、民族ごとに国家を形成するという発想は一般的ではなかった。ベルギーはカトリック地域としての一体性をもとに、19世紀前半に独立したけれども、言語・民族的にはオランダ系の東部とフランス系の西部という二つの地域から構成されている。ところが、ナショナリズムの時代となると、両地域で言語・民族的アイデンティティがクローズアップされ、東部と西部の政治的対立が常態化し、今日に至っている。

それでも、ベルギーの場合、対立はあくまで平和的なものにとどまっている。ところが、中東欧では、各国で主導権を握った民族による少数民族の差別や迫害が深刻な問題となる。国際連盟は、こうした新しい独立国には、少数民族保護を条約上の義務として課したものの、実効性に欠け、状況は改善されなかった。なかでも、差別・迫害がひどかったのがポーランドであった。

こうしたなか、少数民族問題を一挙に「解決」することが行われたのが、オスマン帝国解体でトルコ人の国民国家たらんとしたトルコとギリシャの住民交換である。両国は、国際連盟の監督の下、民族分布に合わせて領土を変更するのではなく、領土に合わせて住民を強制的に移住させたのである。トルコからギリシャには百万人を超えるギリシャ人が、ギリシャからトルコには数十万人のトルコ人が移った。それぞれ人口の1割程度の大掛かりなものであった。住民の意思を無視した非人道的な措置とはいえ、両国政府が納得ずくのうえで行われ、国内の民族間対立を未然に防いだ側面もある。

一方、中東欧における少数民族問題は、戦間期の国際関係に暗い影を落とし、ついには第二次大戦勃発の大きな要因となった。しかも、トルコ・ギリシャの住民交換による民族問題「解決」は、より苛酷な形で再現されることになる。

なお、連合国が無理やり作った三つの多民族国家ポーランド、チェコスロバキア、そして「南スラブ」を意味するユーゴスラビアは長続きしなかった。まず第二次大戦後、ポーランドは領土が西に移動し、ドイツ人を追放してポーランド人だけの国民国家となり、その性格は一変した。冷戦終結後、チェコスロバキアはチェコとスロバキアに平和的に分離、セルビア人主導のユーゴスラビアは内戦を経て、セルビア、スロベニア、クロアチア、ボスニア・ヘルツェゴビナ、モンテネグロ、北マケドニア、コソボの7カ国に分かれた。

一方的な軍備制限

ベルサイユ条約はドイツの軍備を大きく制限した。陸軍は兵力10万人に制限、徴兵制は禁止され、戦車保有も禁止された。海軍は兵力1万5000人に制限、軍艦数も制限され、潜水艦保有は禁止された。軍用機保有は禁止、つまり空軍は禁止された。

一方、ベルサイユ条約の一部をなす国際連盟規約で軍縮が明記（第8条）されたにもかかわらず、ドイツを取り巻く戦勝国側の軍縮は進まなかった。１９２３年の陸軍兵力でみると、フランス72万人、ベルギー11万人、ポーランド28万人、チェコスロバキア14万人、リトアニア3万人で、合わせて１３０万人弱（Schulze-Rhonhof, *1939*）。合計すると、条約でドイツに認められた兵力の10倍を超える。

１９２７年にドイツが条約どおりに軍備を削減したにもかかわらず、１９３３年にヒトラーが政権を獲得した時点で、フランスは65万人、ベルギー7万人、ポーランド30万人、チェコスロバキア14万人、リトアニア３万人、合わせて１２０万人弱で、ドイツが圧倒的に劣勢な状況は変わらなかった。

日本のような島国と違い、陸続きで多数の国、それも必ずしも友好的でない国と接しているドイツのような大国の陸上兵力が10万人というのがいかに少ないか、おわかりいただけるであろう。しかも、ここで示した圧倒的な兵力差に、ソ連軍は含まれていない。ヒトラーによる再軍備が実現するまで、ドイツは常に周辺国の軍事的圧力にさらされていたのである。実は、１９３２年のポーランド軍によるドイツ侵攻の可能性は、ヒトラー政権誕生にもかかわっていた。

ヒトラーが進めた再軍備は、ドイツに決して友好的とはいえない周辺国よりもはるかに弱体なスタート地点から始められたことを理解する必要がある。ドイツ再軍備が欧州の平和を乱す侵略への序章という見方は単純すぎる。

領土拡張にせよ、再軍備にせよ、ベルサイユ条約という戦後欧州の不公正な出発点を理解することなしに、ヒトラーの対外政策を理解することはできないのだ。

第一次大戦の戦場から帰ってきたヒトラー

1889年にオーストリアに生まれたヒトラーが政治の世界に入るのは第一次大戦が終わり、30歳になった1919年からで、大戦前は政治より芸術に関心を寄せる青年であった。どのような人物であったかを知るうえで、貴重な文献が存在する。唯一無二の親友だったアウグスト・クビツェクの回想録である（Kubizek, *Adolf Hitler, mein Jugendfreund*）。そこでは、ヒトラーと音楽家として将来を嘱望されていたクビツェクの、音楽を中心とした全人的交流が生き生きと描かれ、通説が主張するヒトラーの「異常性」は見られない。

短期間同居していた二人は1908年を最後に音信不通となったものの、戦後、生活のためオーストリアで地方公務員となったクビツェクが1933年に返事を期待せずドイツ首相となったヒトラーに出したお祝いの手紙に思いがけず返信が来たことで、二人の交流が再開する。ヒトラーは返信に二人が過ごした時期を「我が生涯最良の日々」と記し、野心のないクビツェクとの音楽を中心とした交流を楽しむ。

二人が最後に会ったのは1940年であった。ヒトラーの親友ということで占領軍に拘束された際も、クビツェクはヒトラーを貶めるようなことは言わなかった。自らは非政治的人間であると断りつつ、「この世のどんな力も（irgendeine Gewalt auf Erden）、私にアドルフ・ヒトラーとの若き日の友情を否定することを強いることはできない」と記している。

オーストリア人ヒトラーは、ミュンヘンでドイツ軍に志願する。戦争末期に前線で毒ガス攻撃に遭い、後方の病院に移送され、ドイツ降伏後、ミュンヘンに帰還する。そこで、ヒトラーは自らが目指すドイツ民族共同体の不倶戴天の敵であるとした「ユダヤ共産主義」（Jüdischer Bolschewismus）の猛威を目の当たりにする。

ヒトラーの反ユダヤ主義は、エモーショナルなものではなく、少なくとも主観的には合理的なものであった。『我が闘争』（*Mein Kampf*）によれば、彼が初めて反ユダヤ主義者となったのは、故郷のリンツからウィーンに出て、そこで学び考えたからだとしている。当初は、ユダヤ人問題とはユダヤ教という信仰の違いに関するものであり、人間としての寛容性の観点から宗教の問題で争うことは正しくないし、反ユダヤのウィーンの新聞の論調は、偉大な民族すなわちドイツ人に相応しいものとはいえないと考えていた。

しかし、反動だとみなしていたウィーン市長カール・ルエーガーと彼の率いるキリスト教社会党の運動に感化され、理性と感情の間の葛藤を経て、理性が打ち勝った、すなわち合理的な反ユダヤ主義者となったと主張している。ある特定の信仰を持ったドイツ人ではなく、ドイツ人とは相いれない独自の民族であり、マルクス主義政党である社会民主労働党（社民党）をリードするのがユダヤ人という理解である。

ユダヤ人が独自の民族であるというヒトラーの捉え方は、当時ユダヤ人の間で有力になってきたシオニズムの主張と同じであり、オーストリアに限らず、マルクス主義運動の指導者にユダヤ人が人口当たりで考えると極めて目立つことも事実であった。

なお、ロシア革命前は社会民主主義と共産主義は分化しておらず、ロシアでレーニンが率いていたのは社会民主労働党「多数派」であった。社会民主主義と共産主義が別の概念となって、両者が対立関係になるのはロシア革命後である。ロシア語で「多数派」を「ボリシェヴィキ」ということから、「ボリシェヴィズム」（独Bolschewismus、英Bolshevism）が共産主義を意味するようになる。なお、ボリシェヴィキに対立したメンシェヴィキは、ロシア語で「少数派」を意味する。

マルクス主義政党に対するヒトラーの主張

普段のヒトラーが礼儀正しく、反社会的行動とは無縁の人物であったことは、前述のクビツェクら当時のヒトラーを知る人の一致した意見であり、ユダヤ人との付き合いにおいても同様で、自身も述べているように、多くの人種差別主義者にみられる相手に侮蔑的態度をとることはなかった。実際、ウィーン時代のヒトラーの反ユダヤ主義がそれほど強固なものであったのか、疑問を呈する研究者もいる。

しかし、戦後ミュンヘンでの実体験が、彼の反ユダヤ共産主義に確信を与えたことは間違いない。ベルリンの反共リベラル・社会民主主義者主体の中央政府と異なり、バイエルンでは、独立社民党のクルト・アイスナーを首班とする、革命志向の左翼政権が成立する。しかし、1919年1月の州議会（Landtag）選挙で独立社民党が大敗し、アイスナーは暗殺される。

この後に成立した社民党主体の政権は、エルンスト・トラー、グスタフ・ランダウアー、エーリッヒ・ミューザムを指導者とする革命勢力によりミュンヘンを追われ、4月にミュンヘンには、革命後のロシアに似た政治体制に基づくレーテ共和国が成立した。さらに、その直後、ロシア出身の共産主義者、オイゲン・レヴィーネ、マックス・レヴィーン、トビアス・アクセルロートが主導権を握り、共産主義政権が誕生する。しかし、内戦下のロシア（ソ連）共産党が十分な支援を行うことは不可能であり、中央政府の弾圧によって、レーテ共和国は崩壊し、バイエルンの政治状況は正常化する。

ヒトラーの主張を裏付けるがごとく、バイエルンの失敗した革命を指導した上記7名、アイスナー、トラー、ランダウアー、ミューザム、レヴィーネ、レヴィーン、アクセルロートのうち、レヴィーンを除き6人がユダヤ人であった（レヴィーンもユダヤ人とされていた）。ユダヤ人中心のレーテ共和国支配を目の当たりにして衝撃を受けたバイエルン教皇使節エウジェニオ・パチェッリ、のちのローマ教皇ピウス12世が、その実情を否定的に描いた書簡が残されている（Cornwell, Hitler's *Pope*）。

ユダヤ系ドイツ人の歴史家ミヒャエル・ブレンナーは、保守の間ではユダヤ人と左翼の結びつきが、反ユダヤ主義の正当化とはいえないにしても、説明のフレームワークとして機能し、「ミュンヘンほどユダヤ人の革命事件への参加が際立った都市はなかった」と記している（Brenner, *In Hitler's Munich*）。

なお、ヒトラーは休戦後もミュンヘンの連隊に所属し、1919年4月に連隊の兵士レーテのメンバーに選ばれる。兵士レーテとは、レーテ共和国の下部組織であり、ヒトラーの首尾一貫性のなさを主張する研究者もいる。しかし、2016年に戦後初めてドイツ国内で公刊された政府公認版ともいえる『我が闘争』の膨大な注の一つでも指摘されているように、ヒトラーは自らのレーテ選出を、他の多くの兵士同様、過激化する左翼分子の対抗勢力になるためと理解していたと捉えるべきであろう。

この解釈の正しさを裏付けるように、ヒトラーは、レーテ共和国崩壊後、兵士の赤化を防ぐためにカール・マイヤー大尉が設立した情宣活動家養成コースに選ばれて参加している。ヒトラーはマイヤー大尉のもとで、情宣活動に従事し、その過程でドイツ労働者党(Deutsche Arbeiterpartei)の集会に参加する。そして、ヒトラーはこの小政党に大きな可能性を見出し、入党した。同党は翌1920年にNSDAPと改名され、1921年にヒトラーが党首に就任する。

ワイマール共和国の発足

1919年1月の直接選挙に基づく憲法制定会議で、社民党が他党を引き離し得票率4

割弱で第一党となり、降伏直前の共和制移行で政権を移譲されていたエーベルトがそのまま臨時大統領に選ばれた。ベルサイユ条約調印後の1919年8月に制定された憲法は、議院内閣制を基本としつつ、直接選挙で選ばれる大統領に対して、第48条で国家緊急事態における憲法の一部停止を含む非常大権が与えられた。この大統領非常大権はヒトラー政権誕生のカギとなる。憲法の経過規定により、エーベルトがそのまま正式に大統領に就任した。

ビスマルクによる国家統一まで小国が分立していたドイツでは、プロイセン主導の統一後も、バイエルンを始めとする地方政府に大きな権限が残され、共和国になっても、州（ラント、Land）がライヒを構成する連邦制が採用される。ただし、帝政時代と異なり、プロイセンがそれまで保持していた優越的地位を奪われ、他の州と対等の存在になった。とはいえ、プロイセンは、フランスとの西部国境地帯から東端の飛び地である東プロイセンまで、面積・人口で国全体の半分以上を占めており、中央政府とプロイセン政府の間に深刻な対立が起こった場合、ドイツの政治は機能不全に陥ってしまう恐れがあった。そして、実際そうなるのである。

一院制の国会（ライヒ議会）が比例代表制のため、ヒトラー政権獲得後に行われた最後の選挙も含め、単独で議席の過半数を占める政党は一度も現れず、1930年までは、ほぼ同じ顔ぶれの政党による連立政権が首相は頻繁に交代しながら継続した。以下、政党名の和訳は通例に従う。

共和国誕生当初から、ワイマール連合としてその中核を担ったのが、憲法制定会議選挙で、それぞれ得票率1〜3位を占めた、暴力革命に反対し議会を通じた改革を目指す社会主義政党である社民党、ドイツ人口の3分の1を占めるカトリックが集う保守中道政党の中央党（Zentrum）、そして自由主義政党の民主党（Deutsche Demokratische Partei）の三党である。カトリックが過半数を占めるバイエルンでは、他州と異なり中央党とは別の、より保守的な姉妹政党バイエルン人民党（Bayerische Volkspartei）が存在した。ここでは両党を「中央党」として一括で考える。

なお、社民党は暴力革命には反対したけれども、カール・マルクスとフリードリヒ・エンゲルスの正統な後継者であると自負していた。マルクス主義政党という点でみれば、社民党と共産党は同じカテゴリーに属する。ロシア革命前、マルクス主義随一の理論家とされたのは、レーニンではなく、革命後、ソ連共産主義を非難し、レーニンに「背教者」と罵倒された社民党のカール・カウツキーであった。社民党がマルクス主義と決別するのは、第二次大戦後のことである。

社民党、民主党、中央党のワイマール連合三党に加え、当初は新憲法に反対していた保守政党、人民党（Deutsche Volkspartei）も連立政権の常連となる。ナショナリストであると同時に自由主義者である「国民自由主義者」（Nationaliberal）が集う人民党の協調路線を推進したのが、1920年代のドイツ政治をリードするグスタフ・シュトレーゼマンである。ただし、政局的理由から第一党の社民党が参加しない保守中道連立政権となることも多かった。一方、プロイセンではヒトラー政権誕生まで、ほぼ一貫して社民党のオットー・ブラウンを首班とする、ワイマール連合三党による連立政権が維持された。

人民党より保守的なナショナリスト政党、通例「国家人民党」と訳されるドイツナショナル人民党（Deutschnationale Volkspartei）も、1920年代半ばには現実路線を取り、社民党抜きの保守中道連立政権に参加する。しかし、1928年にアルフレート・フーゲンベルクが党首となってからは反共和国色を強め、政権との対決を鮮明に打ち出す。

表1

NSDAP以外の主要政党

左↑↓右	政党	
左	共産党	
↑	社民党	ワイマール連合
↕	民主党	ワイマール連合
↓	中央党	ワイマール連合
	人民党	
右	国家人民党	

そして、選挙には参加しながら、憲法の基本にある自由民主制そのものを敵視し破壊することを目指す二つの革命政党NSDAPと共産党が存在し、大恐慌以降、大きな政治勢力となる。

戦後体制の除け者・独ソ連携の始まり

ベルサイユ条約で「単独責任」を強いられたものの、第一次大戦後のドイツは、第二次大戦後とは違い、政府も国民も決して悔い改めず、反省の態度を示すようなことはなかった。むしろ、ベルサイユ条約が「不正」であるというコンセンサスの下、歴代共和国政府は、その是正を政策の基本に据える。

まず、最初の外交的勝利といえるのが、調印地の名前からラパロ条約と呼ばれる、1922年4月のソ連との条約締結である。交渉をまとめたのはドイツのヴァルター・ラーテナウ外相とソ連のゲオルギー・チチェーリン外相（外務人民委員）である。

第一次大戦の結果、英国とフランスが主導権を握るなか、欧州政治における主要プレーヤーとしての地位を喪失し、戦後体制の除け者となったドイツとソ連の接近は、欧州各国に衝撃を与える。ソ連は共産主義国家になったということ以上に、それまでの国家間関係の常識を無視し、ロシア帝政時代の条約履行や債務償還を拒絶したことで、国際社会から追放された状態にあった。

ソ連とドイツは互いの債権債務を放棄したうえで友好関係を確立しただけでなく、秘密協定に基づき広範な軍事協力関係を構築する。ベルサイユ条約で厳しい軍備制限を課されたドイツ国防軍は、ソ連国内で武器製造や訓練を行うことで、条約の軛から逃れて、国防の強化を進めることができた。一方、ソ連赤軍は世界最高水準といわれたドイツ軍から学ぶことで、軍の近代化を進めることができた。のちにスターリンに粛清されるトハチェフスキーは独ソ軍事協力に深くかかわっていた。

ドイツを背負って立つ政治家と目されていたラーテナウは、条約調印後に暗殺される。しかし、ラーテナウが確立した独ソ協調路線は共和国外交の一貫した基調となり、ヒトラーの政権獲得後も、外務省内に底流として存在し、政権後期に外相となったヨアヒム・フォン・リッベントロップにまで受け継がれる。ラーテナウの後継者ともいえるシュトレーゼマンが生前、もともと国民社会主義運動とは無縁だったリッベントロップと個人的に親しかったことは、第二次大戦後にシュトレーゼマンの息子ヴォルフガングが明らかにしている（Stresemann, *Zeiten und Klänge*）。

レーニンの忠実な使徒スターリンの革命戦略

ドイツの保守は、ソ連にかつてのロシア帝国を投影し、英仏と対抗するため、独ソ連携に期待をかけていた。一方、ソ連はドイツについてどう考えていたのか。1923年9月に共産党政治局員に向けられたコミンテルン議長グリゴリー・ジノヴィエフの報告書によれば、ドイツにおけるプロレタリア革命はロシア革命より国際的重要性を持つ。共産化したドイツはソ連の社会主義経済建設を助け、全欧州共産化の礎となり、ひいては世界共産化への大きな一歩となると考えられていたのである。

スターリンも、ドイツ共産党機関紙「ローテ・ファーネ」(赤旗)編集長のアウグスト・タルハイマーに対して、ドイツでの革命成就は欧米プロレタリアにとってロシア革命より大きな意味を持つと書き送っていた(Musial, *Zeitschrift für Geschichtswissenscaft* 54巻1号)。

スターリンにとって、戦勝国とドイツの対立は、世界革命を実現するうえで不可欠の要素であり、実際、この対立が最大限利用される。1924年9月に「国際情勢について」と題した論文で「ドイツのような国を実際に植民地にかえようとこころみることは、ヨーロッパに地雷をかけることを意味する」と記している(『スターリン全集』6巻、スターリン全集刊行会訳)。この地雷の爆破を通して、欧州全体を赤化することこそスターリンの目的であった。

ではどうやって実現するのか。1925年1月、共産党中央委員会総会での演説で、必ず来る戦争を前に共産主義者がとるべき行動について、こう述べている（『スターリン全集』7巻）。

そのような情勢にたちいたったさい、われわれがぜひともだれかにたいして積極的な行動をおこさなければならないということを意味しない。たとえ気づかないほどでも、このような気持がだれかの胸をかすめているとすれば、これは正しくない。われわれの旗は、依然としてこれまでのように**平和**の旗である。しかし戦争がはじまれば、手をこまねいているわけにはいかないであろう、――われわれは、のり出さなければならないであろう、もっとも、いちばんあとでのり出すのであるが、われわれは秤皿に決定的なおもりを、相手かたを圧倒しうるような**おもり**を、なげいれるためにのり出すであろう。

資本主義国が互いにたたかい弱体化したところで、最後の一撃を加えて世界革命を完遂するというわけである。しかし、こうした革命戦略はスターリンの独創ではなく、レーニンの「基本準則」（правило основное）を引き継いだものである。

レーニンは1920年12月6日に開かれた共産党の会合で、全世界で共産主義が最終的に勝利するまでの「基本準則」というものが存在すると主張している（『レーニン全集』第31巻、マルクス・レーニン主義研究所訳）。

二つの帝国主義のあいだの、二つの資本主義的国家群のあいだの対立と矛盾を利用し、彼らをたがいにけしかけるべきだということである。われわれが全世界を勝ちとらないうちは、われわれが経済的および軍事的な見地からみて、依然として残りの資本主義世界よりも弱いうちは、右の準則をまもらなければならない。すなわち、帝国主義のあいだの矛盾と対立を利用することができなければならない。

レーニンはどのような対立を利用すべきと考えたのか。まず、第一に日米の対立である。

二つの帝国主義国、日本と米国をとってみるなら——両者はたたかおうとのぞんでおり、世界制覇をめざして、略奪する権利をめざして、たたかうであろう。……われわれ共産主義者は、他方の国に対抗して一方の国を利用しなければならない。そうすることは、共産主義にたいして罪をおかすことにはならないのか？　ならない。

第二に米国とそれ以外の資本主義国との対立である。

米国はすべての国を略奪し、しかも非常に独創的な仕方で略奪している。米国は植民地をもっていない。…この国家は、他の資本主義諸国からますますにくまれている。このような情勢を、われわれは考慮に入れなければならない。米国は、残りの欧州と和解することができない。

それまでの欧州植民地帝国と違い、世界を経済的に支配しようとする新しい帝国主義という認識である。そして、第三の対立が、戦勝国とドイツの対立である。

ドイツは敗戦し、ベルサイユ条約でおさえつけられているが、しかし巨大な経済的可能性をもっている。……このような国にたいして、同国が生存していけないようなベルサイユ条約が押しつけられているのである。ドイツはもっとも強大で、先進的な資本主義国の一つであって、ベルサイユ条約を耐えることはできない。だから、ドイツは、それ自身帝国主義国でありながら、圧迫されている国として、世界帝国主義に対抗して同盟者を探しもとめなければならない。

こうして、スターリンはドイツとの「善隣」外交を繰り広げるのである。スターリンはレーニンの「理想」からの逸脱者ではなく、その忠実な使徒であった。

第二章

米国による欧州への介入の始まり

ルール占領とミュンヘン一揆

戦後ドイツにとって、最初の大きな試練となったのは、対独強硬派のレイモン・ポアンカレ仏首相主導でフランス・ベルギー軍が、賠償支払い義務違反を理由に、1923年1月にドイツ工業の心臓部であるルール地方を占領したことである。条約に根拠のある合法的行動とはいえ、平和的に国際問題を解決するという戦後理念に反し、ドイツだけではなく、国際的にも暴挙とみなされ、ドイツに同情が集まった。

ドイツを取り巻く軍事的状況については、ルール地方という西部国境だけでなく、東部のポーランドとの国境においても危機が迫っていた。フランスのフォッシュ元帥が5月にワルシャワを訪問し、対独戦時の共同作戦に関するアウトラインが作成される。

フランスが内陸部のポーゼンからベルリンにポーランド軍が進軍する方針を望んだのに対し、ポーランドはまずバルト海側に軍を展開するとともに東プロイセンに侵攻することとした。その結果、「バルト海計画」、「東プロイセン計画」、「シレジア計画」の三つの作戦計画が策定された（Roos, *Polen und Europa*）。フランスと連携あるいは承認の下、機を見てドイツに侵攻するというのは、戦間期ポーランドのライトモチーフといってよい。

さて、前年11月に首相に就任した無所属のヴィルヘルム・クーノは、占領地労働者のストライキによる受動的抵抗を試みたものの、ドイツ経済は大混乱となり、インフレが加速し先進国では類をみないハイパーインフレとなった。政治力に欠けるクーノは退陣し、1923年8月、人民党のシュトレーゼマンが首相兼外相となる。シュトレーゼマンの下、11月に1兆マルクを1レンテンマルクとする通貨改革が行われ、ハイパーインフレは終息した。インフレが終息した背景には、インフレの要因である放漫財政との決別、すなわち劇的な歳出削減による財政均衡化と中央銀行の引受停止で、政府への信頼が回復したことがあった。財政改革こそ通貨安定のカギであったのである。

ヒトラーはルール占領に際し、独自の方針を取る。受動的抵抗への参加を拒否したのである。ドイツ再生のため、まずやらなければならないのは、「マルクス主義の毒を民族の身体（Volkskörper）から除去」することであって、「内部の不倶戴天の敵とともにフランスとたたかおうとするのは、全く馬鹿げたことだ」と『我が闘争』に記している。主敵はフランスではなく、「十一月の犯罪者」に支配された共和国というわけである。

一方、武力という担保のない受動的抵抗は有害無益であり、必要となればフランスはさらに強硬な手段に出るであろうという認識の下、そうなった場合も、犠牲を厭わず抵抗を続ける覚悟があるのかと、冷静な指摘も行っている。

ハイパーインフレが猛威を振るい、受動的抵抗が中止され、ラインラントでは分離主義者による「ライン共和国」(Rheinische Republik)設立が企てられるなど、物情騒然とするなか、権力掌握のチャンスとみたヒトラーは、ルーデンドルフ将軍とともに、11月にミュンヘンでクーデターを企てる。いわゆるミュンヘン一揆である。しかし、すぐに鎮圧され、ヒトラーは負傷し、逃亡先のハンフシュテンゲルの別荘で警察に逮捕された。一方、共産党も、世界革命に向けドイツ共産化を最重要視するソ連の全面的支援の下、武装蜂起を計画し、ハンブルクで実行したものの、こちらも失敗した。

絶体絶命の窮地にあった共和国は、シュトレーゼマン首相の下、ハイパーインフレを終息させるとともに、NSDAPと共産党による暴力革命を阻止することに成功したのである。なお、ヒトラーは禁固5年の判決を受けたものの、収監されたのは1年にも満たず、1924年12月に出獄した。入獄時の口述に基づいて出版されたのが『我が闘争』である。したがって、その記述は当時の国際情勢を強く反映しているため、1933年の政権獲得後のヒトラーの実際の外交を理解するうえで、あまり大きな意味を持たせないほうがよいだろう。

ハイパーインフレの影響は一時的

１９２３年に頂点に達したドイツのハイパーインフレについては、ドイツ社会に壊滅的打撃を与え、政治不信が国民の間に広まり、ヒトラー台頭の要因のひとつとなったという意見が有力である。しかし、ハイパーインフレの政治への影響は本当にそんなに大きなものだったのだろうか（以下、データはBresciani-Turroni, *The economics of inflation*とRitschl & Spoerer, *Jahrbuch für Wirtschaftsgeschichte* 38巻2号に基づく）。

まず、ドイツの物価水準がどのように推移したかデータで確認する。１９１４年１月を1とすると、第一次大戦が始まった14年8月が１・１、ドイツが降伏した18年11月が２・４、ベルサイユ条約が調印された19年6月が３・２であった。これ以降、インフレが加速し、１９２０年6月には14となって1年で5倍になったものの、1年経った１９２１年6月も14で、インフレは止んだかにみえた。

しかし、ここからまたインフレが進行し、１９２２年6月には73で1年前の5倍、ルール占領開始直前の１９２２年12月には1,500で、半年で20倍を超える。そして、１９２３年6月は20,000となり、１９２３年12月には1,300,000,000,000で、1年間で9億倍、半年間で７０００万倍となったけれども、通貨改革以降、物価は安定する。

戦後インフレ下の経済状況をみると、ルール占領で生産活動が大幅に低下した1923年を除けば、インフレに対応して名目賃金が上昇したので、労働者の実質賃金は低いながらも一定のレベルを保ち、最低限の生活が保障されていた。しかも、実質賃金が低水準にとどまったため、企業からみれば実質的に安く雇えるということで、失業率は低かった。堅調な雇用は、反共和国勢力からの脅威にさらされるなか、社会の安定に貢献することとなった。

一方、インフレは債券投資、年金、家賃など固定収入に依存する層には大きな打撃であり、もともと低い水準の実質賃金しかもらっていなかった労働者と異なり、高学歴ホワイトカラーや医師弁護士等の自由業は、インフレに名目収入が追い付かず、実質収入が低下し、労働者の賃金レベルに近づくかたちで、収入格差が縮小した。その意味で、中産階級の没落をもたらしたともいえるし、結果的に社会の平等化が進んだともいえる。ただし、事実上、倒産がなくなり、労働コスト低下と合わせて、企業活動が非効率化し、生産性向上のインセンティブが失われたことは確かである。

経済活動全般の指標である一人当たり実質GNP（1927年はGDP）でみれば、大戦前年の1913年を100とすると、降伏した1918年が77、翌1919年の73を底に、

1922年には94まで回復した。ルール占領で生産活動が低調だった1923年には81まで落ち込んだものの、1924年には90まで戻し、その後も順調な経済成長を遂げ、1927年には戦前の水準を上回る106に達した。

1924年以降の経済成長の背景には、物価安定と財政規律の下、貯蓄・貸出という金融（銀行）の仲介機能が回復するなか、経済活動が正常化し、産業効率化と労働生産性上昇が進んだことがある。

インフレとは所得再分配であり、パイの取り分が変わるだけで、パイ自体が消えてなくなるわけではない。空爆により国土が焦土と化した第二次大戦後とは違うのである。中長期的視点に立てば、極端なインフレとなった1923年の経済活動の落ち込みは一時的なものであった。

すでに指摘したようにインフレで打撃を受けたのは、労働者ではなく中産階級であった。先進国とはいえ、現在と比べれば一人当たり所得が数分の一の水準であり、国民の大半はまだ貧しく、ある程度の資産を持つ中産階級の国民に占める割合は小さかった。インフレによる社会への負の影響を書き残したのは、もっぱらこうした中産階級のエリートであり、彼らの話を国全体に投影することは誤りである。しかも、インフレは基本的にゼロサムゲームであり、大きく資産を増やした中流層も確実に存在した。

実際、ハイパーインフレが終息し、経済が安定期に入った1924年以降、ドイツの政治情勢は安定化し、総選挙でのNSDAPの支持は低迷（1928年得票率3％）、もはやヒトラーは過去の人になったかと思われたのである。インフレをヒトラーと結びつける主張は事実に基づいているとは言い難い。

早くも国際連盟の無力が露呈

ルール占領、ハイパーインフレ、ヒトラーと共産党の武装蜂起という、共和国崩壊の瀬戸際を乗り切ったシュトレーゼマンは、1923年11月、在任わずか3ヶ月で首相を辞任する。しかし、この後、1929年10月に現職のまま病死するまで、次々に首相が交代するなか、一貫して外相を務める。シュトレーゼマンこそ、世界大恐慌が始まるまでのドイツそして欧州の政治的安定と経済的繁栄の支柱となった、20世紀屈指の政治家であった。

フランスによるルール占領は、国際連盟による集団安全保障体制の下、戦後欧州を協調してリードするはずだった英国とフランスの関係を冷却化させることとなった。大戦後、欧州大陸の覇者となったフランスがその立場を永続させるべく、ドイツを弱体のまま再度ライバルとならないよう抑えつけようとしたのに対し、海上帝国である英国にとって、もはや無害な存在となったドイツは、フランスと並ぶ欧州大陸の強国となったとしても、共存し得る存在となった。英仏一致して、ドイツを抑え込むという第一次大戦の枠組みは失われてしまったのである。

武力を用いずに国際紛争を解決するという戦後理念に対して、さらなる打撃となったのが、ジュネーブ議定書の挫折である。国際連盟は紛争を平和裏に解決するには不十分なままであり、規約上、戦争が限定的に認められていた。そのため、戦争の全廃を目指して、1924年の国際連盟総会で一切の紛争を拘束力ある解決のもとに置く提案が行われ、採択された。これがジュネーブ議定書である。しかし、戦争という最後の手段を失いたくないため、どの国も批准しなかったのである。

一旦確立したパックス・アメリカーナ

国際連盟が無力だからといって、国際秩序が不安定になったわけではない。実際、1929年に大恐慌が始まるまで、欧州の安定を支えたのは、国際連盟に加盟しなかった米国の圧倒的経済力であった。

ドイツがハイパーインフレの終結と物価安定、そして経済成長を実現するうえで、国内の財政改革に加え、米国による金融上の支援が決定的に重要であった。戦勝国への賠償を円滑に進めるため、米国のチャールズ・ドーズ主導で新たな賠償方式、いわゆるドーズ・プランが1924年に導入される。ドーズ・プランの履行を支えるため、米国の投資銀行J・P・モルガンが中心となって、ドイツが米国からの資金流入で賠償相当分をファイナンスする仕組みが構築され、欧州各国の金融情勢は安定する。第一次大戦の戦費調達で、膨大な負債を抱えることになった英仏は、戦後国際金融を支配する米国に従うしかなかった。

実体経済の面では、世界最大の国内市場を抱える米国を中心に、各国間での貿易が進展する。米国が国際連盟に加盟しなかったことから、第一次大戦後、米国が内向きになったという主張が根強いけれど、実は、金融・貿易両面で、1920年代はパックス・アメリカーナが、一旦、確立した時代であった。

ドーズは同年11月の米大統領選で現職のカルビン・クーリッジ大統領の副大統領候補に選ばれ当選し、翌1925年にノーベル平和賞を受賞する。前任のウォーレン・ハーディングとクーリッジは、今日の通説では無能な大統領の代表例となっている。しかし、対外介入に否定的な伝統保守（paleoconservative）・リバタリアンを中心に、他国に軍事介入せず世界経済発展を支えた大政治家と評価する声もあり、こちらの見方の方が正当であろう。

かつての世界の支配者、英国は経済面で米国に主導権を奪われ、政治面でも米国の意向が無視できなくなる。軍事同盟に否定的な戦後の風潮の下、米国の圧力にされされ、英国は最後に残った大国同士の軍事同盟であった日英同盟を終わらせる。また、オーストラリアやカナダなど自治領の独立性が高まり、英国の欧州ローカル化が進む。自治領は最終的に1931年のウェストミンスター憲章で、完全に独立国となった。

英仏独伊の集団安保体制の始まり

とはいえ、第二次大戦後のように、政治面でも欧州が米国に従属するところまでは行かなかった。戦間期は、欧州が英国をリーダーとして政治的に外部からの干渉を受けず、自ら秩序を形成し得た最後の時代であった。そして、欧州の政治的安定の礎となったのが、1925年に英国、フランス、ドイツ、イタリア、ベルギーの間で結ばれたロカルノ条約である。

ロカルノ条約は、基本的にベルサイユ条約を追認する内容ではあるけれども、英仏独伊の欧州四大国による集団安全保障体制として、国際連盟の枠外で行われたことが重要である。欧州の問題はあくまで欧州内で、しかも大国の協調で処理するという、19世紀の「欧州協調」（Concert of Europe）の復活であり、本来の意味での「宥和」（appeasement）の始まりである。今日では、英国の宥和外交といえば、ヒトラーに対する屈服であり弱腰外交として、侮蔑的意味が込められているけれど、本来は異なる。そもそも、宥和とは相手をなだめるための手段ではなく目的であり、国際社会のあるべき状態を示すのだ（Niedhart, *Historische Zeitschrift* 226巻1号）。

「欧州全体を宥和する（appease）まで、貿易、ビジネスそして雇用を回復することはできないと信じている」。これは第一次大戦を勝利に導いたデビッド・ロイド・ジョージが、フランスのルール占領前、1922年4月に英議会で首相として答弁したときの言葉である。ロカルノ条約が欧州宥和の第一歩であることは、締結時の英外相オースチン・チェンバレン（のちの首相ネヴィルの異母兄）による1925年11月の議会答弁で明確に示されている。

ロカルノでなされた合意は、それ自体に価値がある以上に……合意を生み出し、これを特徴づけ、そして我々の国際関係においてすでに作用している精神にこそより大きな価値がある。我々はロカルノを、宥和と和解の試みの最後ではなく、その端緒とみなしている。

欧州協調を支える大国の一員として迎えられたドイツは、ベルサイユ条約のような「命令」によってではなく、交渉によるロカルノ条約でフランスとの西部国境を確定し、シュトレーゼマンとフランスの外相アリスティード・ブリアンの連携の下、独仏協調の時代が始まった。ドイツは翌1926年には常任理事国として国際連盟に加盟し、同年、独仏外相はそろってノーベル平和賞を受賞する。

不戦条約で米国にいなされたフランス

米国による欧州政治への介入を阻止しようとした英国に対し、フランスは逆に欧州の政治的独立性を犠牲にしてでも、米国との関係を強化しようとする。今日とは異なり、米国は集団安全保障機構としての国際連盟への不参加に示されたとおり、他国との関係で軍事的にコミットすることを避けていた。そのため、伝統的な軍事同盟ではないものの、米国との間でフランスだけが単独の「恒久友好条約」（Pact of Perpetual Friendship）を結ぶことで、フランスはドイツのみならず英国に対しても自らの優位を確保し、欧州の盟主としての地位を高めようとする。

独立性を高めつつあったとはいえ、カナダやオーストラリアなど有力な海外自治領を抱え、米国と並ぶ海軍力を維持する英国や、人口や工業力でフランスを凌駕し、敗戦の痛手から着実に復活しつつあるドイツと対抗するためには、フランスは米国にすがるしかなかったともいえる。米国の側も、君主制の下で近代以前の過去を引きずる英国よりも、米国の英国からの独立を支援し、かつ同じ共和制であるフランスによりシンパシーを感じていた。日米関係のモデルとされることも多い英米の「特別な関係」は、第二次大戦後、没落した英国が、ソ連とともに二大超大国となった米国のジュニアパートナーとなってからの話であって、それまでの米英関係は世界支配をめぐるライバル関係にあり、英国に代表される伝統的な植民地支配を嫌う米国は、むしろ反英といってもよかったのである（Moser, *Twisting the lion's tail*）。米国が英国を助けるどころか、その追い落としを画策し、日英同盟を終了させたのも、その一環であった。

こうしたなか、米国の第一次大戦参戦10周年記念日の1927年4月6日に、フランスが恒久友好条約を提案する。実質的には2条、戦争に訴えることを非とし国家の政策の手段としての戦争を放棄することを宣言する第1条と、すべての紛争を平和的手段によってのみ解決を図るとする第2条からなる短い条約案であった。ところが、米国のフランク・ケロッグ国務長官は、二国間に限らず当時の六大列強、すなわち米仏に日英独伊を加えた多国間条約とすることを提唱する。これが1928年8月にパリで調印された不戦条約である。内容はフランスが米国に提案した二国間条約とほぼ同じであった。

米国はフランスの提案を利用して、特定の国にコミットすることを避け、戦争放棄を約束する多国間条約を主導的に推進することで、欧州の権謀術数外交とは無縁の「平和の使徒」という自画像を国内外の世論にアピールする。1928年11月の大統領選に向け、共和党政権継続のための世論対策としても申し分なかった。実際、クーリッジ大統領の後継者として共和党のハーバート・フーバーが当選する。

しかし、実効性ある仕組みを構築し、むしろそれゆえに葬り去られたジュネーブ議定書と異なり、不戦条約はなんら中身のない政治的パフォーマンスであり、だからこそ米国はこの条約を推進したのである。交渉の過程で、自衛権が主権国家固有の権利であり、何が自衛と見なせるのか、またその行使の是非についても自らの判断に任せられることが確認され、「侵略」（aggression）を定義することは明示的に否定された。

米国学界の議論をみても、戦争放棄の理想を裏切る国際政治の実態を厳しく批判していたエドウィン・ボーチャードの「この条約は法的効果の点では、要するにゼロ（nothing）」という言葉が、国際法学者の共通理解をよく表している。一方、駐日大使を務めたローランド・モリスが、「条約が法的に弱いからこそ、かえって道徳的には強いということにもなり得る」と述べたことからもわかるとおり、国際政治の主導権を握り、他国への武力干渉を繰り返す米国や英国にとって、そのプロパガンダとしての価値は大きかった（*Proceedings of the American Society of International Law 1929*）。

法的拘束力がない以上、自らの武力行使は常に正当化できる一方、対立する国の武力行使は、国際世論を誘導して、道徳的非難に値する行動と糾弾し、その国を国際社会から孤立させ、追い詰めることができる。実に今日まで続く、米国の「道徳外交」である。

西ではハト派、東ではタカ派のシュトレーゼマン

ドイツの単独責任に基づくベルサイユ条約を所与として、社民党と協力しながら、戦勝国とくに対独強硬派だったフランスとの協調外交、いわゆる履行政策（Erfüllungspolitik）を進めるシュトレーゼマンは、本来の支持基盤である保守からの批判にさらされる。

しかし、反共の闘士として左派リベラルによる攻撃の的となっていたリチャード・ニク

ソンだからこそ、毛沢東との歴史的和解を進め、対ソ包囲網を構築することができたのと同様、自他ともに保守と認めるシュトレーゼマンだからこそ、国益のため、保守に不人気な政策を推進することができたのである。

さらに、戦勝国から最大限の譲歩を引き出すうえで、保守からの批判は有力な交渉材料とすら言えた。ドイツ国内の保守を抑えられないほどシュトレーゼマンを追い詰めれば、戦争で疲弊し平和を熱望する世論にもかかわらず、戦勝国は対独関係で不測の事態を覚悟しなければならないのだから。

１９２５年11月、人民党幹部を前にした非公開の演説で、「戦争責任の嘘」（Kriegsschuldlüge）とたたかうためには、安易な批判を行うことに自己満足するのではなく、率先して国際協調を推進し、国力充実に努めねばならず、「党派的利益ではなく、ひとつの想い、すなわち国家の福利（Staatswohl）のみに導かれて行動したことを、後の世代が感謝するだろうと確信している」と述べている（*Vierteljahrshefte für Zeitgeschichte* 15巻4号）。

ただし、シュトレーゼマンは、西のフランスとの善隣外交を進める一方、東のポーランドに対しては強硬姿勢で臨む。むしろ、反ポーランド外交を憂いなく進めるため、ロカルノ条約で背後のフランスとの連携を確実なものにしようとしたとすら言える。

軍事的に弱体なドイツは、経済面でポーランドを圧迫する。ロカルノ条約と時を同じくして、ドイツとポーランドの間で貿易戦争が始まり、輸出入のみならず第三国との物流経路としてもドイツに依存するポーランドは大きな打撃を受ける。

そして、反ポーランドで一致するソ連との友好関係をさらに推進し、1926年に両国はベルリン条約を締結する。条文上は、第三国との武力紛争時には中立を保つと書かれているけれども、独仏連携が進むなか、第三国とはポーランド以外あり得ない。条約締結1年前の1925年にソ連のチチェーリン外相がドイツを訪問した際、シュトレーゼマンとの間で、独ソが再び強国となった時は、ポーランドをその民族的領域にまで縮小することがほのめかされている（Roos, *Polen und Europa*）。

シュトレーゼマンも指摘していたように、ドイツでは左の共産党から右の国家人民党まで、ポーランドとの国境改定は国民的悲願であった。シュトレーゼマンは退位した皇太子への手紙で、ポーランドとの国境を改定することが、賠償問題解決や国外ドイツ人保護とならんで、ドイツ外交の最重要課題のひとつだと述べている（Stresemann, *Vermächtnis*）。

ところが、ヒトラーは共和国時代の反ポーランド政策を180度転換し、ポーランドに対して宥和外交を展開するのである。

第三章

大恐慌後、ドイツ政治・経済の大混乱

大統領内閣の始まり

１９２４年以降、政治的・経済的安定が続き、ドイツの前途は洋々たるものにみえるなか、共和国の支柱であったシュトレーゼマンが、１９２９年10月3日、脳卒中で急死する。まだ51歳であった。「大連立政権にとっても、穏健な中流階級のナショナリスト（nationalburgerliche Mitte）の統合にとっても、議会制にとっても、ドイツの国家理念（Nationalidee）にとっても、また、統一欧州の理念にとっても、シュトレーゼマンの死は取り返しのつかない損失であった。彼の死は、ワイマール共和国復興期の終わりと最終的危機の始まりを意味した」（Huber, *Deutsche Verfassungsgeschichte seit 1789*）。

シュトレーゼマンの死からわずか3週間後の１９２９年10月24日、「暗黒の木曜日」と呼ばれる米国株式の大暴落が起こる。その後、米国経済は大恐慌に突入し、第一次大戦後、大きな国内市場を持ち、しかも債権国となった米国に経済的に大きく依存していた欧州とりわけドイツは深刻な経済危機に見舞われる。

シュトレーゼマンの死と前後して、国家人民党を率いるフーゲンベルクは、群小政党に過ぎなかったＮＳＤＡＰを率いる政界のアウトサイダー、ヒトラーと組んで、大がかりな反政権キャンペーンを行う。標的となったのは、ドーズ案に代わって、やはり米国主導でまとめられた新しい賠償履行計画、ヤング案であった。

最終的には、国家人民党とナチスが要求し実現した1929年12月の国民投票で、ヤング案破棄提案は否決される。しかし、ヒトラーの雄弁とNSDAPの効果的プロパガンダは、不当な単独責任論に基づき巨額の賠償を強いられていると考える多くの国民を惹きつける。国家人民党はヒトラーに庇を貸して母屋を取られることとなり、旧態依然とした復古的保守政党であった国家人民党に代わって、NSDAPが反共・反戦後体制の主役の座に躍り出た。

シュトレーゼマンという主柱を失った、社民党、民主党、中央党そして人民党による社民党のヘルマン・ミュラーを首班とする大連立政権は、ヤング案の国会承認を取り付けたものの、労働組合寄りの社民党とくに党内左派と、市場重視の人民党間の経済財政政策に関する対立で、1930年3月に崩壊した。

大連立政権崩壊を受け、首相に就任した中央党のハインリヒ・ブリューニングは、党内の左右対立から社民党が政権担当能力を失うなか、大統領の非常大権に依存した政治を断行する。従来の議会の信任を前提とした連立政権とは異なる「大統領内閣」(Präsidialkabinett)の誕生である。

				外相（1923.8以降）		
		グスタフ・シュトレーゼマン	人民党	1923.8-1929.10	グスタフ・シュトレーゼマン	人民党
		ヴィルヘルム・マルクス	中央党			
		ハンス・ルター	無党派			
		ヴィルヘルム・マルクス	中央党			
		ヘルマン・ミュラー	社民党	1929.11-1931.10	ユリウス・クルティウス	人民党
	大統領内閣	ハインリヒ・ブリューニング	中央党	1931.10-1932.5	ハインリヒ・ブリューニング	中央党
	大統領内閣	フランツ・フォン・パーペン	無党派	1932.6-1938.2	コンスタンティン・フォン・ノイラート	無党派のちNSDAP
	大統領内閣	クルト・フォン・シュライヒャー	無党派			
		アドルフ・ヒトラー	NSDAP	1938.2-1945.4	ヨアヒム・フォン・リッベントロップ	NSDAP

こうして、ブリューニング政権以降、共和国の命運は、第二代大統領パウル・ヒンデンブルクの双肩にかかることとなった。

初代大統領エーベルトが任期満了直前の1925年2月に病死した後、3月に行われた大統領選挙の第一回投票で、各党派の推した候補は、誰も当選に必要な過半数に達せず、決定が4月の第二回投票に持ち越された。人民党を含む保守陣営は、シュトレーゼマンの反対を押し切り、第一回投票の候補を取り下げ、大戦時の陸軍最高司令官で帝政の象徴ともいえるヒンデンブルク元帥を担ぎ出

表2

大統領			首相（1923.8以降）	
1919.2-1925.2	フリードリヒ・エーベルト	社民党	1923.8-1923.11	
			1923.11-1925.1	
1925.5-1934.8	パウル・フォン・ヒンデンブルク	無党派	1925.1-1926.5	
			1926.5-1928.6	
			1928.6-1930.3	
			1930.3-1932.5	
			1932.6-1932.11	
			1932.11-1933.1	
			1933.1-1945.4	
1934.8-1945.4 （フューラー兼首相）	アドルフ・ヒトラー	NSDAP		

す。

過半数が不要な第二回投票で、勝ち目がないのに共産党が党首エルンスト・テールマンを立てたことに加え、中央党の姉妹政党であるバイエルン人民党がヒンデンブルクを支持したため、社民党、民主党、中央党のワイマール連合が推す中央党のヴィルヘルム・マルクス前首相を僅差で抑え、ヒンデンブルクが勝利した。

大混乱するブリューニング政権

ところが、共和国にとって幸いなことに、保守反動の象徴と見られていた、当選時すでに77歳の老将軍は、反共和国感情が根強い伝統保守勢力の期待に反し、党派を超越した立場を堅持する。社民党の党派的利害を無視し、保守中道勢力と協力しながら、混乱期の共和国を支えたエーベルトと同じく、ヒンデンブルクは共和国にとって、最後の砦となったのである。

混乱期ゆえ、非常大権による「独裁」をしばしば余儀なくされたエーベルトと異なり、1925年という共和国安定期に大統領に就任したヒンデンブルクは、当初5年間、一度も憲法第48条に基づく緊急命令（Notverordnung）を出さずに済んだ。

しかし、ドイツの一人当たり実質GDP（1913年＝100）は、1928年の108を頂点に、1930年以降、急速に低下する。ヒトラー政権直前の1932年には78にまで落ち込み、失業率は24パーセントになった。大恐慌を迎えたまさにそのときに、議会政治は機能しなくなり、80歳を超えるヒンデンブルクが、政治の表舞台に登場せざるを得ない状況となった。共和国の命運はヒンデンブルクに握られることになったのだ。

ブリューニングは、1930年4月、就任後最初の国会で、大統領の意向に従い、「いかなる政党連合にも縛られない」と表明する。ただし、議会を無視するわけではないとし、左の社民党及び右の国家人民党との連携を模索する。

しかし、社民党は反政権姿勢を打ち出し、内閣不信任案を提出する。社民党、共産党、

ＮＳＤＡＰが賛成した一方、国家人民党が反対したため、不信任案は否決された。続いて、共産党が不信任案を提出し、前回と同じ三党に加え、国家人民党の一部が賛成に回ったものの、僅差で再び否決された。前政権与党である社民党が二度にわたって、共産党とＮＳＤＡＰという体制破壊政党と組んで、かつての連立パートナーに対して倒閣を企てたのである。

この後、国家人民党内で、フーゲンベルク率いる政権反対派が党内主導権を握ったことから、国会は政権反対勢力が過半数となり、予算関連法案が7月に社民党、共産党、ＮＳＤＡＰ、国家人民党などの反対で否決されてしまう。

ブリューニング首相は、議会との折衝はもはや無意味と宣言し、ヒンデンブルク大統領が非常大権に基づき、法案と同内容の緊急命令を発した。社民党と共産党が、議会の過半数議決で無効にできる緊急命令の廃止を要求したため、大統領は、命令を取り下げた後、国会を解散、憲法で解散から60日以内と規定されている総選挙日を9月14日に設定し、再度、同内容の緊急命令を出す。

議会解散によって、不信任案提出も緊急命令無効決議も不可能となるため、ブリューニング政権は2ヶ月、議会に左右されないフリーハンドを得た。しかし、結果的に１９３０

年9月の総選挙は、共和国崩壊を加速する一大転機となる。

総選挙でNSDAPが躍進

1923年に暴力による政権奪取を試み、同じように失敗した二つの革命政党、共産党とNSDAPは、この後、政権獲得に向け対照的な道を歩んでいく。

他国の共産党同様、コミンテルンすなわちスターリンの完全支配下にあったドイツ共産党は、この失敗の後も、警察官殺害などテロ活動を繰り返し、相変わらず暴力革命路線を継続する。一方、ヒトラーは失敗に学び、暴力革命路線を捨て、議会制デモクラシーを全面的に否定する独裁の「理念」を、議会を通じて合法的に実現する合法戦術（Legalitätstaktik）を採用する。憲法が提供する可能性を徹底的に利用することによって、「デモクラシー政党、さらには法治国家（Rechtsstaat）そのものを武装解除した」（Winkler, *Weimar 1918-1933*）。

1930年9月、ヒトラーは、NSDAP支持の国防軍将校に関する裁判に、証人として出廷し、「合法の誓い」（Legalitätseid）を行う。

この国において、国民社会主義運動は、合憲的手段によって、その目的を達成することを追求している。憲法が規定するのは手段だけであって、目的ではない。我々は、この合憲的な道を通じて、立法機関で圧倒的多数を得ることを目指し、成功した暁には、我々の理念に相応しいかたちに国家をつくりかえる。

1930年9月に行われた総選挙の結果は、共和国の根底を揺るがす衝撃的なものとなる。1928年5月に行われた共和国安定期最後の総選挙で投票者総数のわずか3パーセントしか獲得できなかったNSDAPは、1930年9月の総選挙で18パーセントを獲得し、社民党に次ぐ第二党の地位に躍り出た。共産党も得票率を11パーセントから13パーセントに伸ばしたため、自由民主制を根底から否定する二つの体制破壊政党の合計得票率は31パーセントに達した。一方、カトリックを基盤とする中央党以外、既成政党は軒並み得票率を減らした。比例代表制が採用されていたので、各党の得票率はほぼ完全に議席数に反映される。したがって、非常大権に依存しない議院内閣制への復帰は絶望的となった。

社民党から支持を得たブリューニング政権

とはいえ、NSDAPと共産党の躍進は、ブリューニング政権を安定させることになる。

「ナチスとコチス」の躍進に危機感を抱いた社民党が、それまでの反政権姿勢から、大統領内閣「容認政策」（Tolerierungspolitik）に転換したためである。社民党は、ブリューニング内閣に参加しないものの、内閣不信任案や大統領緊急命令廃止決議に反対することで、大統領非常大権に依存する政権を容認したのだ。社民党は政権に参加しないことで、自らの責任を回避しつつ、ブリューニング政権が反社民党の保守勢力の支持を得ることを容易にした。

社民党から事実上の支持を得たブリューニングは、さらに反社民党の国家人民党を取り込むことで、授権法を成立させ、大統領非常大権に依存しない安定した政権運営を行うことを目指す。

授権法といえば、ヒトラー政権下で成立した1933年3月の授権法が悪名高いけれども、それには前例があった。共和国では、国家緊急事態に対処するため、憲法に明記された大統領非常大権とともに、憲法改正と同じく議会の3分の2以上の賛成により、時限的に内閣にフリーハンドを与える授権法が、慣例として認められていた。1923年のルール占領とハイパーインフレによる共和国崩壊の危機の際も、授権法が活用された。しかし、ブリューニングは多数派工作に失敗し、授権法を成立させることができず、最後まで、大統領の非常大権に依存した政権運営を強いられる。

こうしたなか、ヒンデンブルク大統領の7年の任期満了が1932年春に迫っていた。ブリューニングは、大恐慌のさなか選挙がもたらす混乱を回避するため、特例措置として、授権法同様、議会の3分の2の賛成により、大統領選を延期しようとする。

ブリューニングは、ヒトラーがこの提案に応じると見ていた。なぜなら、オーストリア出身のヒトラーにはドイツ国籍がなく、大統領選に立候補できないため、選挙延期はヒトラーにとっても悪い話ではないはずと考えたのである。ところが、合憲的に目的を達することを公言していたヒトラーは、大統領直接選挙は国法の基本であり、憲法に規定のない大統領選の国会議決による延期は、「憲法の意味と精神」に悖るものとして反対する。

実は、立憲主義的正論の背後で、ヒトラーは密かにドイツ国籍取得に動いていた。1932年2月、すでにNSDAPが政権に参加していたブラウンシュヴァイク州政府が、ヒトラーを州の高官に任命する。外国人が政府高官に任命されると、自動的に国籍が付与されるため、ヒトラーは無国籍者からドイツ国籍保有者となった。

大統領選を行わざるをえなくなったブリューニングは、84歳のヒンデンブルク再選に全力を尽くす。ヒトラーの大統領就任を阻止するため、社民党は、共産党に労働者階級への

表3

1925年大統領選候補			
1	パウル・フォン・ヒンデンブルク	無党派	
2	ヴィルヘルム・マルクス	中央党	ワイマール連合支援
3	エルンスト・テールマン	共産党	

1932年大統領選候補			
1	パウル・フォン・ヒンデンブルク	無党派	ワイマール連合支援
2	アドルフ・ヒトラー	NSDAP	
3	エルンスト・テールマン	共産党	

裏切り行為と非難されるなか、「反動」ヒンデンブルク支持を明確に打ち出す。1925年の最初の大統領選で、反ワイマール連合の統一候補として当選したヒンデンブルクを、今度はワイマール連合（社民党、中央党、民主党）が全面支援するという、真逆の事態となったのである。

1932年3月の当選に過半数が必要な第一回投票で、ヒンデンブルクは過半数にわずかに届かない49・5パーセントを獲得し、30パーセントのヒトラーに大きく差をつけた。共産党のテールマンは13パーセント、伝統保守のテオドール・デュスターベルクは7パーセントだった。4月の第二回投票で、デュスターベルクが出馬しなかったこともあり、ヒトラーは大幅に票を伸ばし37パーセントを獲得したものの、ヒンデンブルクも票を上積みし、53パーセントを得て当選した。なお、共産党のテールマンは10パーセントにとどまった。

突撃隊は無法者ではなかった

ヒンデンブルク再選を受け、ブリューニングはヒトラーとの対決姿勢を強める。NSDAPの躍進が確実な1932年4月のプロイセン州議会選挙を前に、ブリューニング支持の下、反ヒトラーのヴィルヘルム・グレーナー国防相兼内相は、NSDAP大衆運動の中核をなす武装集団、突撃隊（SA）と親衛隊（SS）の活動を禁止する大統領緊急命令（SA禁止令）の発令を求める。

しかし、軍上層部では発令に反対する声が大きく、加えて、暴力革命を是とし、1929年メーデーの組織的暴動によってすでに禁止されながら、名称を変えて活動を続けていた共産党武装団と違い、合法戦術を採用する突撃隊を禁止することは、社民党武装集団を許容することとつじつまが合わないとして、「立憲主義者」ヒンデンブルクは難色を示す。

「ナチス」といえば、無知な大衆に支持された無法者集団というイメージが、大戦後、主に米国の映画やテレビなどを通じて、世界中に植え付けられた観がある。そのため、粗暴な突撃隊に対して、やむを得ず共産党や社民党が自衛のため武装したかのように思われているけれども、事実は異なる。

1931年の警察統計によると、政治的動機に基づく首都ベルリンにおける暴力事件の被害者（死者・負傷者）総数8248人のうち、党派所属別でみると、NSDAPが最も多く4699人、社民党は1696人、共産党は1228人。一方、特定された加害者で最も多かったのが共産党で4184人（対NSDAPが3515人）、NSDAPは2589人（対社民党1429人、対共産党1133人）、社民党が1849人（対ナチス1556人）であった（Striefler, *Kampf um die Macht*）。

NSDAPの左翼攻撃よりも、左翼がNSDAPを攻撃する事例の方が多かったのである。そもそも、突撃隊はヒトラーの演説を始めとするNSDAPの活動を妨害する左翼の暴力に対抗する自警団的存在として始まったのであって、まず左翼の暴力が先にあったともいえる。当時を知る1923年生まれのドイツのヒトラー研究者ノルテは、ヒトラー政権獲得の大きな要因として、突撃隊員たちが決して無法者ではなく、普通の人々であったことを強調している（Gerlich, *Im Gespräch mit Ernst Nolte*）。

ヒンデンブルクはＳＡ禁止令の発令は認めたものの、強硬な反ヒトラー路線をとり自らが望む保守勢力との連携を積極的に進めようとしないブリューニングとグレーナーに対する大統領の不信は決定的なものとなった。

ヒトラーはＳＡ禁止令を激しく批判したものの、あくまで合法戦術を堅持する。ＳＡ禁止令にもかかわらず、ＮＳＤＡＰは１９３２年４月のプロイセン州議会選挙で36パーセントを獲得し、第一党となる。その結果、共産党と合わせて、体制破壊政党が州議会で「否定的過半数」（negative Mehrheit）を占める状態となった。

過半数を失ったワイマール連合のブラウン州首相は辞任したものの、ＮＳＤＡＰか共産党のいずれかを含まなければ過半数とならないので、政権協議は進まず、ブラウン暫定政権が継続することとなる。

大統領や軍との対立が修復不可能となり、５月13日にグレーナーが国防相から退き内相専任となったあと、５月30日にブリューニング内閣は崩壊した。

デフレ政策でドイツ経済は沈んだまま

ブリューニングに代わって首相に就任したのは、中央党プロイセン州議会議員、フランツ・フォン・パーペンであった。ただし、中央党首脳は蚊帳の外に置かれ、自党出身のブリューニングを追い落とすかたちで政権の座についたパーペンを除名しようとしたものの、パーペンは機先を制して離党した。

この全くといってよいほど政界に支持基盤を持たないパーペンの首相就任には、国防相に就任した軍の実力者、クルト・フォン・シュライヒャー将軍という黒幕が存在した。閣僚は官僚など専門家が主体で、伝統的支配層出身者が多く、パーペン政権は「男爵内閣」(Kabinett der Barone)と揶揄される。シュライヒャーは、ブリューニング政権時代にヒトラーと接触し、親しい友人であったグレーナー辞任時に後任の打診を断ったこともあり、ブリューニングを引きずり下ろしヒトラー政権誕生の契機を作った謀略家として描かれることが多い。しかし、ヒトラーとの接触はブリューニングの了解の下に行われており、首相辞任後も、ブリューニングは外相として新政権に加わるよう要請されていた。

1932年5月の時点でブリューニングの命運が尽きていたのは、基本的にはシュライヒャーの行動とは関係がない。ブリューニングが断ったため、職業外交官のコンスタンティン・フォン・ノイラートが外相に就任し、ヒトラー政権成立をまたいで1938年まで務めることになる。

ブリューニングが政権を維持できなかった根本的要因は、就任以来2年間、目に見える成果を上げられず、世論の支持を得られなかったことにある。大恐慌の到来により、フーバー米大統領のいわゆる「フーバー・モラトリアム」で戦勝国への賠償支払いは停止されたものの、緊縮・デフレ政策でドイツ経済は沈んだままであった。

なお、ブリューニング辞任直後の1932年6月から7月に開かれたローザンヌ会議で、賠償額が大幅に減額されたうえ、1933年1月に首相となったヒトラーは支払いを拒否、賠償問題は事実上解決となった。支払いが再開したのは、第二次大戦後、支払いが完了したのは2010年である。

本来、ベルサイユ条約によれば、各国の軍備に関しては、まずドイツが軍縮を行い、その後、戦勝国も続くことになっていた。ところが、ドイツが規定どおりに軍縮を完了したにもかかわらず、他国の軍縮は一向に進まない。だからといって、ドイツ再軍備も、前向きな英米に対し、大戦後に得た欧州大陸覇者の地位を永続化しようとするフランスの強硬姿勢で、認められなかった。

さらに、ドイツとオーストリア両国民の幅広い支持の下で進められた関税同盟も、サンジェルマン条約（連合国とオーストリアの講和条約）が禁止するドイツとの合併につながるとして、英仏伊が反対し頓挫した。ほぼドイツ人しかいないのに国際連盟とポーランドの管理下に置かれたダンチヒと、旧ドイツ領でドイツ人が多数住む、ドイツ本土と東プロイセンに挟まれたポーランド回廊の問題も、ポーランドの強硬姿勢で全く解決の目途が立たなかった。敗戦国ドイツの民族自決は否定され続けたのである。ポーランドは逆に、さらなる領土拡張を狙っていた。

ポーランドのドイツ侵攻計画

大統領内閣挫折の大きな要因であり、ヒトラー政権誕生を側面支援したのがポーランドによるドイツ侵攻計画である。世界大恐慌と国内政争に見舞われ、ブリューニング政権下でドイツが混乱するなか、ポーランドは1923年の侵攻計画を実現するチャンス到来と考える。1931年から、ポーランドは定期的に試験動員（Probemobilmachung）を行う（Roos, *Polen und Europa*）。

オーストリア治安当局は、1932年10月にポーランドのユゼフ・ベック外務次官が、公職から身を引きながら死ぬまで最高権力者であり続けたピウスツキ元帥に送った書簡で、ドイツが一時的に弱体化している今を逃せば、もうチャンスは巡って来ないとして、ドイツ侵攻を進言していることをつかんでいた（Scheil, *Polens Zwischenkrieg*）。

ドイツ軍もポーランドが侵攻の意思を持っていることを独自に把握し、3月のグレーナー国防相による東プロイセン視察後、ポーランド軍による州都ケーニヒスベルク侵攻に一定期間持ちこたえられるよう防衛ラインを強化していた。さらに、ドイツ軍はソ連赤軍との連携を強化しようとする。1932年10月のベルリン防衛軍事演習に、1920年の対ポーランド戦争を指揮した赤軍の「ナポレオン」トハチェフスキーが招待され視察する。

とはいえ、ベルサイユ条約で軍備を制限されていたドイツ軍は劣勢であり、ポーランド軍に攻撃された場合、全領土防衛は断念し、シレジアを守ることはあきらめねばならないと考えていた。軍上層部がSA禁止令に反対したのは、対ポーランド防衛上、武装した突撃隊の力が必要と考えたからなのだ（Roos, *Polen and Europa*）。

1932年11月にベックが外相に昇格したのち、ポーランドはすでに1月に合意、7月に調印しながら、フランスとの関係で批准が引き延ばされてきたソ連との不可侵条約を11月27日に批准する。こうして、ポーランドは背後を固め、対独のフリーハンドを確保する。その2日後の11月29日、ソ連はフランスとも不可侵条約を締結する。この年の初め、ポーランドは突然、仏軍事顧問団の帰国を要請し、フランスからの独立志向が顕著となっていた。

スターリンはなぜポーランドと不可侵条約を結んだのか

「平和愛好国」ソ連は当時、マクシム・リトヴィノフ外相の下、不戦条約を補完する「リトヴィノフ議定書」に続き、周辺国と次々に不可侵条約を結んでいた。なお、ソ連と国境を接し不可侵（中立）条約を結んだ国は、のちに日本（満洲）も含めすべてソ連に攻撃あるいは併合のターゲットとなった。結果的にヒトラーに先を越されたけれど、スターリンはドイツも先に攻撃するつもりであったのだ。

実は、1920年代から30年代にかけて、ソ連が第一の敵とみなしていたのはポーランドであった。ロシア革命直後の対ポーランド戦争に敗北し、ウクライナとベラルーシの西部がポーランド領となったことから、ソ連指導部は反ポーランド一色であり、ドイツ共産化を最重要視する革命戦略のうえでも、ポーランドは大きな障害であった。前述のジノヴィエフ報告書でも、フランス帝国主義の道具であるポーランドはドイツ革命の最大の敵と名指されている。

そもそも、トロツキー主導で行われた1920年の対ポーランド戦争は、ポーランドを越えてドイツに進軍し、ドイツ革命を支援する意図があった。1923年3月に『プラウダ』で公表された共産党の戦略と戦術に関する論文で、スターリンは、戦略的可能性に適応していなかった戦術的成功例として、対ポーランド戦争初期の赤軍侵攻を挙げ、「効果的な前進がたやすく成功したのに有頂天になって、ワルシャワをへて欧州に突入するという力不相応な任務をひきうけ、ポーランド住民の大多数をソビエト軍に反対して結集させ……ソビエト軍の成功を無に帰して、西欧におけるソビエト権力の権威を傷けた」と記している（『スターリン全集』5巻）。

スターリンはなぜポーランドと不可侵条約を結んだのか。従来、1931年9月の満洲事変で極東の対日軍備増強が必要になったからとされてきた。しかし、レーニンの「基本準則」に従い、ポーランドをドイツ攻撃にけしかける絶好のチャンスとスターリンが考えたからと解釈することもできる。戦争による混乱が革命への近道であることは、スターリンに限らず共産主義者の共通認識であった。そして、ポーランドに敗れた1920年当時と違い、5カ年計画の下、ソ連では軍備増強が急ピッチで進んでいた。

ポーランドのドイツ侵攻意図は、フランスだけでなく、英米も知るところであった。ピウスツキは1931年10月、ドイツの非正規軍による攻撃の恐れがあるときは、国際連盟が何をしようと、対独関係を一挙に解決するためドイツに侵攻すると、フーバー米大統領に伝えるよう、ティトス・フィリポヴィッツ駐米大使に命じていた。言うまでもなく、ドイツにポーランドを攻撃できるような正規軍も非正規軍も存在していなかった。

また、英国における対独強硬派急先鋒のロバート・ヴァンシタート外務次官でさえ、ピウスツキがフランスに1年に二度もドイツへの武力行使を提案したことに「眉をひそめた」(frowned)と記している(Vansittart, *The mist procession*)。

ポーランドのドイツ侵攻計画はヒトラー政権誕生前のことであり、ヒトラーに東方侵略意図が仮にあったとしても、それとは関係ない。戦間期、ポーランドは国境を接する国のうち、ラトビアとルーマニアを除き、ドイツだけでなく、ソ連、チェコスロバキア、リトアニアと領土紛争を抱えていた。リトアニアに至っては首都ヴィリニュスを占領されていたのである。

ポーランドが東欧の覇者として「第三の欧州」を目指す好戦的な国家だったことには、第二次大戦に至る欧州情勢を理解するうえで不可欠の要素であるにもかかわらず、これまでほとんど言及されてこなかった。ヒトラーが政権を握ってからについては、のちほど詳しく述べる。

失敗したヒトラーの政権取り込み

ヒンデンブルクとシュライヒャーは、ヒトラーとの対決路線から転換し、逆に政権に取り込もうとする。政権交代にあたり、ヒンデンブルクに招かれたヒトラーは、ＳＡ禁止令廃止と国会解散を条件に、解散後に新勢力に基づく議会が開かれるまでの政治的休戦を約束した。その結果、総選挙日を7月31日として国会が解散され、ＳＡ禁止令が廃止される。

選挙期間中、パーペン政権は、共和国の長年の課題であったプロイセン州と国の「二重体制」（Dualismus）を、一気に片づける挙に出る。総選挙を前に、大統領緊急命令によって、プロイセン州暫定政権のブラウン首相ら閣僚が解任され、プロイセンは国の直接管理下に入った。州政府管轄下の警察と社民党武装団の抵抗に備えて、軍は出動態勢に入っていたものの、州政府は物理的抵抗を行わず、ただちに国事裁判所に違憲訴訟を提起した。この訴訟が、大統領のその後の決断に大きな影響を与えることになる。

このプロイセン・クーデターには、社民党を弱体化させるとともに、パーペン政権を敵視する中央党がＮＳＤＡＰと組んで、州政権を握ることを防ぐ意味もあった。中央党にも、政権参加でヒトラーの牙を抜くことができるという幻想が広がっていたのだ。

7月の総選挙は、予想通り、ＮＳＤＡＰが大勝し、37パーセントを獲得、14パーセントを得た共産党と合わせて、プロイセン州に続き、国政の場でも、議会制を否定する二大革命政党が否定的過半数を得て、議会制デモクラシーは完全な機能不全に陥った。

総選挙大勝を受け、ヒトラーは「全てか無か」（Alles oder nichts）という姿勢を鮮明に打ち出す。9月の国会開会を前に、8月の会談でヒンデンブルクにパーペン政権への入閣を要請されたヒトラーは首相の座を要求する。大統領は即座に拒否した。ヒトラーを飼い慣らしコントロールするという、新政権の試みは失敗に終わった。

ナチスとコチスの共闘

共産党はいわずもがな、社民党や中央党に続いて、NSDAPを敵にまわした以上、議会が開かれれば、内閣不信任案が可決されることは必至となった。憲法で認められた大統領の解散権を行使しても、2ヶ月以内に総選挙を行わねばならず、勢力図が変わることは考えられない。議会解散と総選挙を繰り返せば、解散のたびに2ヶ月のフリーハンドは得られるけれども、選挙を行えば物情騒然となり、深刻な不況のなか経済活動がさらに停滞してしまう。

パーペン政権は、ヒトラーとの交渉と同時並行で、「国家緊急事態」を理由に、大統領非常大権に基づき、憲法の明文に反して総選挙を長期延期したうえで、憲法の通常の手続きを無視して国家改造を断行する計画を練り、議会開会前にヒンデンブルク大統領に提示する。ヒトラーと決別した以上、共産党のみならずＮＳＤＡＰとの武力対決も覚悟したうえで、ヒンデンブルクは承認を与えた。

この計画に法的側面から深くかかわったのが、20世紀ドイツを代表する法学者カール・シュミットである。当時、ドイツ憲法学界では、憲法改正に限界はないというのが圧倒的通説であり、代表的教科書には、共和国、デモクラシー、議会制といった「国体や政体」（Staats-und Regierungsform）も、国会における3分の2以上の賛成による通常の憲法改正手続きで変更可能とある（Anschütz , *Die Verfassung des Deutschen Reichs*）。

この憲法改正無限界説に対し、シュミットは、憲法には根幹部分と枝葉部分があり、共和国の根幹である自由民主制は改正の対象ではなく、もし体制そのものが危機に瀕した場合は、枝葉部分の明文に反してでも体制すなわち憲法（Verfassung）を守ることが、「憲法の番人」である大統領の義務だとした（Schmitt, *Der Hüter der Verfassung*）。

パーペン首相は計画どおり、国会冒頭で解散を行うべく、9月12日、議会に足を運ぶ。ところが、第一党であるＮＳＤＡＰから選ばれたヘルマン・ゲーリング議長は、定められた手続きを無視して、共産党が提案した内閣不信任案の採決を強行し、出席議員559名中、512名が賛成した。手続き違反のため、法的には無効であっても、パーペン政権が全く民意を反映していないことが、天下に歴然と示されてしまい、この後に開かれた閣議で、パーペン首相は、国家緊急事態計画の最終的承認を得ることができず、結局、憲法の規定どおり、11月6日に再度、総選挙が行われることとなった。

9月の国会冒頭で示されたNSDAPと共産党の連携は、選挙期間中、さらに「深化」する。総選挙日を含む11月の初旬、ヨーゼフ・ゲッベルスとヴァルター・ウルブリヒト（戦後、東ドイツ社会主義統一党第一書記）の指導下、社民党主導のベルリン交通局組合の機関決定を無視し、NSDAPと共産党所属の組合員は、山猫ストを断行、首都の交通機能を麻痺させた。同じ反共和国とはいえ、不倶戴天の敵と思われていた「ナチスとコチス」の本格的共闘を目の当たりにした共和国体制派は、大きな衝撃を受ける（Röhl, *Die letzten Tage der Republik von Weimar*）。

共産党のヒトラーへの協力には、スターリンのお墨付きがあった。当時、共産党は、コミンテルンの基本方針に基づき、資本主義の最後のあがきであるファシストすなわちNSDAPではなく、改良主義によって歴史の進行を遅らせる「社会ファシスト」すなわち社民党を主敵とみなしていた。

ソ連が支援する共産主義革命に対する防波堤の役割をヒトラーに期待していたにもかかわらず、ベルリン交通ストという共産党とNSDAPの共闘を目の当たりにした保守層の間で、ヒトラーへの失望が広がる。スト中の11月6日に行われた総選挙におけるナチス得票率は、前回7月選挙に比べ、4パーセント減の33パーセントに後退した。一方、共産党は前回より3パーセント増の17パーセントで、20パーセントとなった社民党に肉薄する。その結果、NSDAP支持の減少を共産党支持の増加がカバーすることで、両革命政党による否定的過半数が継続することとなった。

選挙結果を見ると、共産党との共闘は、ヒトラーにとって大失敗だったように見える。しかし、実際には、首都ベルリンで示されたナチスとコチスの共同戦線は、ヒトラーによる政権獲得の大きな後押しとなったのである。

ヒトラー政権阻止最後の試み

1932年11月の総選挙で、前回7月の総選挙に比べ、得票数を1割以上減らし、それまで日の出の勢いであったNSDAPに、限界説が囁かれ始めた。

ところが、ヒトラーは選挙後に行われたヒンデンブルク大統領との会談で、前回7月の選挙後と同じく、再度、首相の座とともに、大統領非常大権に依存しない、授権法に基づく政権確立に向けた大統領の協力を要求する。大統領は同意せず、会談は物別れに終わった。

NSDAP内では、共産党との共闘への疑念とともに、首相でなければ政権参加しないというヒトラーの「全てか無か」方針への懐疑が広まる。その中心にいたのが、当時、党内ナンバー・ツーでヒトラーと距離を置き、反資本主義の一国社会主義路線を強硬に主張していたグレゴール・シュトラッサーであった。

パーペン政権の黒幕、シュライヒャー国防相は、こうした情勢を受け、政権内で進められていた国家緊急事態計画に基づくヒトラーとの正面からの対決ではなく、NSDAP分断を模索する。12月2日の閣議で、シュライヒャーは、ドイツ軍が共産党・NSDAPの武装勢力制圧に加え、ポーランドとの間で生じ得る不測の事態に備えねばならないとして、緊急事態計画の実行に難色を示す。実際、前述のとおり、ポーランドはドイツ侵攻を本格的に準備していた。

緊急事態計画による国家改造を狙っていたパーペン首相はシュライヒャーに梯子を外さ

れ、ヒンデンブルクに辞表を提出し、ヒトラーが敵として最も恐れたシュライヒャーが、首相に就任する。

シュライヒャーは、「社会派将軍」(sozialer General)として、社民党系の労働組合とも比較的良好な関係を保っていた。シュライヒャーの狙いは、共産党を除き、党派を超えて各陣営の有志を統合する「横断戦線」(Querfront)を構築することによって、共和国の危機を乗り切ることにあった。パーペンと異なり、シュライヒャーは危機を利用した国家改造には否定的であり、共和国政治体制の抜本的改革は将来の課題と考えていた。

しかし、横断戦線成功のカギを握るNSDAPのシュトラッサーは、ヒトラーとの決別に踏み切れず、社民党も、労働組合幹部がシュライヒャーとの協力に前向きであったにもかかわらず、軍人政権との協力は不可という建前論が党内で優勢となり、横断戦線構想は頓挫した。

シュライヒャーはやむなく、国会を解散するとともに、憲法の明文の規定に反して総選挙を長期延期するという国家緊急事態計画に立ち戻る。ところが、1933年1月23日にシュライヒャーが、月末に召集される国会冒頭での解散と、秋まで総選挙を延期する大統領緊急命令をヒンデンブルクに要請したところ、前年夏には同様の計画に承認を与えた大統領が、今回は憲法の明文に反するとして、緊急命令を出すことに難色を示した。

立憲主義が可能にしたヒトラー首相就任

なぜ、ヒンデンブルクは最後の段階で緊急命令をためらったのか。それには共和国に蔓延していた立憲主義の呪縛がかかわっていた。8月の緊急事態計画時にはまだ裁判中だった、1932年の7月のプロイセン・クーデターをめぐる違憲訴訟で一部敗訴したことに、ヒンデンブルクは大きな衝撃を受けていた。通常の裁判とは別に憲法訴訟を扱う国事裁判所は、10月に中央政府がプロイセン州を直接統治する現状を追認したものの、州政府閣僚罷免は不当とした。形式的救済措置がとられただけで、判決は現状を何ら変更するものではなかったけれども、大統領の非常大権が違憲と判断され得ることが明確に示されたのである。

ヒンデンブルクに対しては、皇帝ヴィルヘルム二世に忠誠を誓った軍の最高司令官でありながら、社民党主導のワイマール共和国建国を黙認した裏切り者という批判があった。新憲法遵守を誓って大統領に就任した老将軍は、「宣誓のトラウマ」(Eidestrauma) に囚われ、再び裏切り者の汚名を着せられることを恐れていた。

それでも、シュライヒャーの説得で、ヒンデンブルクは最終決定を保留し、シュライヒャーに共和国支持勢力の意向を確かめることを求めた。中央党と社民党から、総選挙長期延期への了承が得られるのであれば、ＮＳＤＡＰと共産党が大統領の「独裁」を非難しても、なんとか事態を乗り切れると踏んだのだ。

しかし、共和国の支柱を自負する中央党と社民党は、シュライヒャーの要請をはねつける。１９３３年1月26日にシュライヒャーに送った書簡で、中央党のルートヴィヒ・カース党首は、総選挙長期延期は明確な憲法違反であり、現状は国家緊急事態ではなく、大統領内閣が危機に陥っているに過ぎず、速やかに議院内閣制に復帰する必要があるとした。社民党も、前プロイセン州首相ブラウンが党を代表して、同様の書簡をシュライヒャーに送る。両書簡とも1月29日に公開された。

総選挙長期延期を強行すれば、ＮＳＤＡＰや共産党だけでなく、共和国体制派も敵に回すことが明らかとなり、ヒンデンブルクはシュライヒャーの要請を最終的に拒否、1月28日にシュライヒャーは辞意を表明した。事実上の解任である。カースの書簡中、違憲の総選挙延期を正当化する法学者として名指しで批判されたシュミットは、1月27日の日記に「ヒンデンブルク神話は終わった」と記した。

1932年12月の総選挙で前回に比べ得票数を1割以上減らしたNSDAPは、ドイツ経済改善の兆しが見えるなか、ヒトラーの「全てか無か」方針の下で、展望の開けない状況にあった。しかし、最後の段階で、憲法の番人であるヒンデンブルク大統領が、共和国体制派に蔓延する「憲法フェティシズム」（Verfassungsfetischismus）に屈服し、「憲政の常道」に従い、第一党の党首であるヒトラーを、1月30日に首相に任命した。「民主的法治国家は、ワイマール共和国最後の危機において、憲法の字句に反することによってのみ救うことができた。しかし、デモクラシー政党はシュライヒャーに窮屈な合法性を強いることで、ヒトラーに権力への道をひらいた」のである（Berthold, *Carl Schmitt und der Staatsnotstandsplan am Ende der Weimarer Republik*）。

社民党と中央党の硬直した立憲主義は、当時のドイツ憲法学界の通説に立脚したものであった。憲法改正に限界がないという通説に従えば、憲法の条文間に優劣はないし、絶対守らねばならない根幹部分もあり得ない。したがって、根幹部分を守るために、「犠牲」にしてもよい条文は存在しない。憲法を体現した政党といわれ、憲法制定時には第三党だったものの、最後は泡沫政党と化した民主党（党名変更で当時は国家党（Deutsche Staatspartei））の冊子に、自由主義憲法理論を代表するハンス・ケルゼンは、「デモクラシーの側に立つ者は、デモクラシーを救うために……独裁に手を出してはならない。たとえ船が沈もうとも、自らの旗印に忠実であり続けねばならない」と記している（Kelsen, *Verteidigung der Demokratie*）。

パーペン、シュライヒャー政権からの継続

ブリューニングの首相在任中、外交上の最重要課題であった再軍備に関して、目に見える成果は上がらなかったものの、ある意味、あと一歩のところまで来ていた。ブリューニングの努力は、パーペン政権とシュライヒャー政権の下で、実を結ぶ。

英国、イタリア、米国がドイツに対する軍事面での対等化を容認しようとするのに対し、フランスはドイツを従属的地位に置き続けるため再軍備を認めようとしない。1920年代のシュトレーゼマン独外相、ブリアン仏外相が二人三脚で進めた独仏協調は過去のものとなった。ドイツは1932年9月、2月からジュネーブで開かれてきた軍縮会議からの離脱を表明、軍縮交渉は頓挫した。パーペン政権はシュライヒャー国防相の下、1938年まで段階的に陸上兵力を10万人から18万人に増強することを決定した。

ドイツの強硬姿勢を前に、全般的な軍縮を目指す米英伊の圧力でフランスもついに譲歩

し、シュライヒャーへの政権交代直後の1932年12月11日、ドイツに他国と同様の軍事的平等を原則的に承認する米英仏独伊の五大国宣言が出される。ドイツ再軍備の国際的公認である。こうしてドイツは軍縮会議に復帰する。

ヒトラー政権下の再軍備は、その強引な手法には批判があったけれども、パーペン、シュライヒャー政権からの継続であり、原則的には戦勝国も同意していたのである。フランス合意の下、ドイツ再軍備が国際的に認められたことは、フランスとの連携と軍事的に弱体なドイツを前提に、ドイツ侵攻計画を具体化しようとするポーランドには打撃であった。さらに、ポーランドとの関係が悪化していたフランスでは、ドイツ・ポーランド間の領土問題に関して、ドイツに同情的な傾向が顕著となってきた。

独仏ソの連携を軸に、主敵ポーランドに対抗しようとしたシュライヒャーは、その不本意な辞任まで、外交面では着々と成果を上げていたのである。

第四章

プロテスタントとスターリンが後押ししたヒトラーの政権獲得

好運だったヒトラー

ヒンデンブルク大統領は、「ボヘミアの上等兵」(böhmischer Gefreiter)など決して首相にしないと周辺に語っていたにもかかわらず、自らに取り入るパーペンに説得され、最後はヒトラーの首相就任を認め、ヒトラー、パーペン、そして国家人民党を率いるフーゲンベルクの「三頭」政権合意が成立する。

ヒンデンブルクが、1933年1月の段階で、ヒトラーの政権掌握をあくまでも阻止しようとするシュライヒャーを切り捨て、ヒトラー首相就任にゴーサインを出したのには、前年11月のベルリン交通ストにおける「ナチスとコチス」の共闘が大きく影響した(Röhl, *Die letzten Tage der Republik von Weimar*)。ヒトラーを野に放ったままにしておけば、NSDAPが共産党と連携し、ポーランドの軍事的脅威にさらされるなか、ドイツは収拾がつかない事態に陥ってしまうことを老大統領は恐れたのである。総選挙で大幅に得票を減らす結果になったにもかかわらず、共産党との共闘という大博打は、最終的にヒトラーの政権獲得を後押しすることとなった。

三頭体制といっても、パーペンとフーゲンベルクがヒトラーに敵うはずもなかった。フーゲンベルクは政権参加の条件として、国会は解散せず、ナチスに警察権力は渡さない

図2　ヒトラー政権発足時（1933年1月）

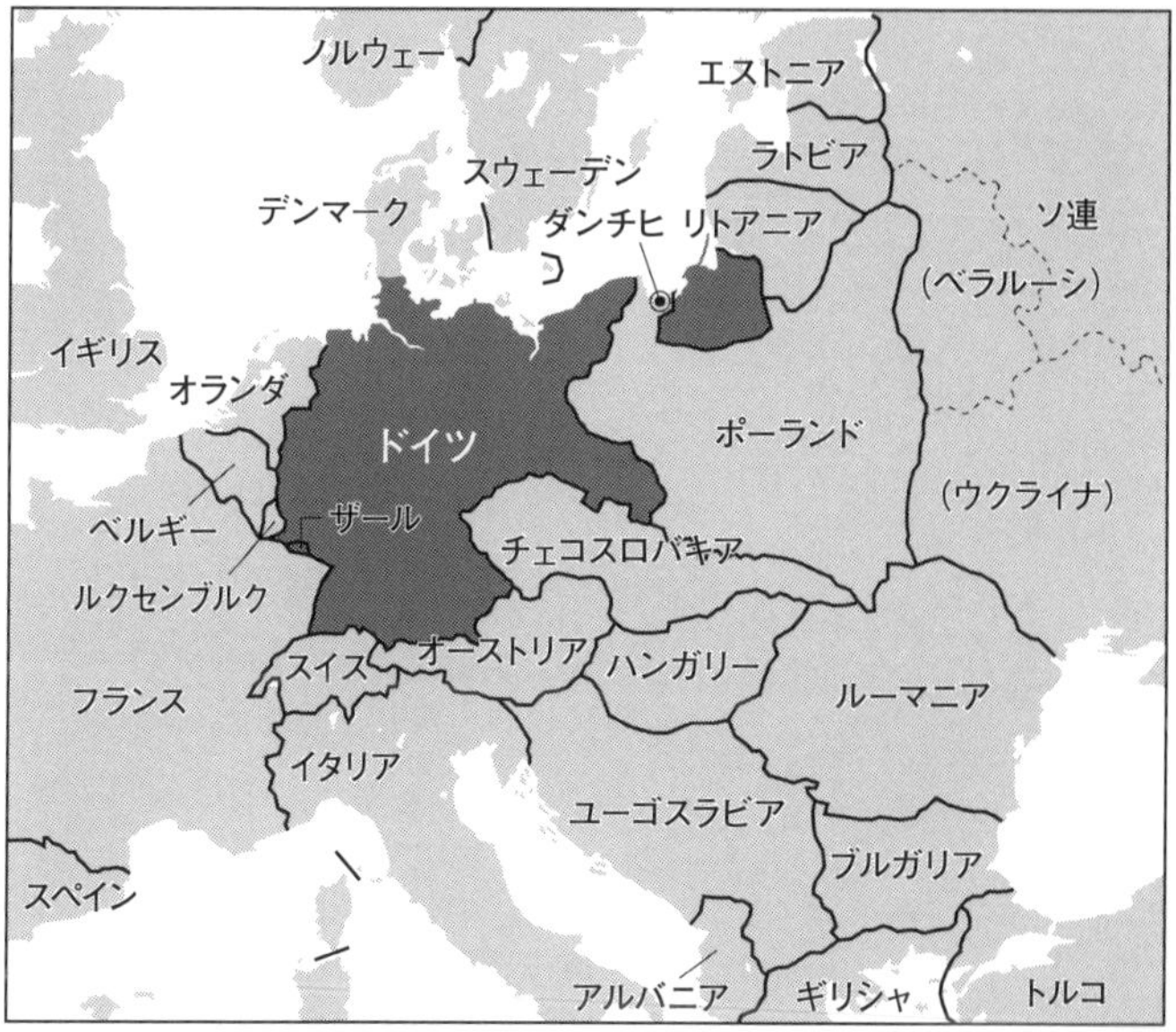

ことを求めていた。ところが、ヒトラーは就任にあたって、条件付きながら大統領から解散・総選挙実施の承認をとりつける。さらに、1月30日に発足したヒトラー内閣では、NSDAPからヴィルヘルム・フリックが内相に就任するとともに、無任所相に就任したゲーリングが、中央政府直轄となっていたプロイセン州政府の内相に相当する内務担当弁務官を兼務した。内相は警察権力を握るポストであり、閣僚となったのはヒトラー、フリック、ゲーリングの「わずか」三人ながら、権力の中枢を独

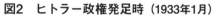

占することに成功した。

ヒトラーは就任翌日の1月31日、中央党との交渉に失敗したと声明、事前の合意どおり、国会は解散され、投票日は3月5日に設定された。中央党との連立で過半数安定政権作りに努めるというのは、ヒトラー首相就任の条件だったはずなのに、あっさり反故にされたわけである。

そして、投票日まで1週間を切った2月27日夜に大事件が起こる。国会議事堂が、オランダ人共産主義者マリヌス・ファン・デア・ルッベの放火で全焼したのだ。

ヒトラー以下、NSDAP幹部は、いずれ共産党が武装抵抗を試みるであろうことは、ある程度予想していたとはいえ、大きな衝撃を受ける。事件翌日の2月28日に出された「国民と国家を守るための大統領緊急命令」によって、基本的人権は大幅に制約され、ヒトラー政権は、放火を共産党の組織的犯行と断定し、党幹部を拘束する。

ソ連の全面的支援を受けたドイツ共産党が暴力革命路線を堅持するなか、共産主義革命への恐れは、ドイツ国民のNSDAP支持の大きな要因であり、この事件は、まさにその懸念が現実化したかに見えた。実際には、議事堂放火に、組織として共産党は無関係であったけれども、事件当時は、ヒトラーも国民の多くも、共産党の仕業と信じていた。

国会議事堂放火事件は、ヒトラーの全権掌握に向け、結果的に大きな追い風となる。あまりにもタイミングよく起こったことから、事件直後から、コミンテルンによる大がかりなプロパガンダもあって、NSDAPの自作自演という説が世界的に広まり、戦後しばらくは、歴史学界でもNSDAP犯行説が通説となっていた。しかし、今日では、NSDAPも共産党も無関係で、ルッベの単独犯行であったことが確実視されている。

NSDAPは3月の総選挙で大きく票を伸ばしたものの、得票率44パーセントで単独過半数を得ることはできなかった。ただし、国家人民党の8パーセントと合わせ、ヒトラー「連立」政権は過半数を獲得した。

しかし、ヒトラーが合法戦術によって得ようとしたのは、議院内閣制を前提とした安定政権などではなく、議会制の除去と独裁制の確立である。憲法の改正の限界はないというのが当時の通説であり、憲法改正と同じく3分の2の賛成により、期間を限って、国会が内閣に全権あるいは一定事項を委任する授権法が慣習として認められ、エーベルト大統領の下で何度か用いられてきた。つまり、国会で3分の2の賛成が得られれば、憲法改正に等しい授権法によって、独裁制に合憲的に移行できるのだ。

大統領緊急命令を使えば、議会への依存は避けられるけれども、大統領に決定的に依存することとなる。一方、授権法が成立すれば、議会からも大統領からも独立した政権運営が可能となる。

そこで、ヒトラーは、期間を4年に限定した、内閣に全権を委任する授権法の成立を目指す。そのため、まず、647名いる国会議員のうち、総選挙で12パーセント獲得した共産党の議員81名を拘束し、国会に出席させず、有効投票数の上限を566名に下げた。それでも、ナチスと国家人民党だけでは3分の2に達しないので、ヒトラーは中央党の懐柔に全力を挙げる。政権のブレーキ役になれるという幻想に囚われた中央党は、ヒトラーとの交渉に応じ、授権法に賛成した。

3月23日の授権法採決で、反対したのは社民党94名だけで、中央党のみならず、民主党（国家党）など、社民党以外すべての党派が賛成に回ったため、538名中444名の賛成で可決された。戦後、初代西ドイツ大統領となったテオドール・ホイスも民主党議員として賛成している。賛成者が議員総数647名の3分の2を超える、ヒトラーの完勝であった。つまり、国会出席を禁じられた共産党議員全員が、仮に反対票を投じることができたとしても、授権法はやはり成立していたのである。ヒトラーは、当時の通説的憲法解釈に従い、議会の圧倒的多数の賛成を得て、独裁を確立した。ワイマール共和国の自由民主制は、ヒトラーの合法戦術によって立憲的に解体されたのである。

最初の大統領内閣を率い、首相退任後も中央党議員であったブリューニングは、党の方針に従い賛成票を投じたものの、採決後ただちに、中央党はヒトラーの策略にかかったとして、大統領に警告の書簡を出す。それに対する返信で、ヒンデンブルクは、ヒトラー首相は授権法で認められた権力行使にあたっては事前に自分と相談すると確約しているから安心してほしいと述べたうえで、大統領就任時の宣誓を引用し、「私は、密接な協力関係を保ち、自らの宣誓『誰に対しても正義を貫く』ことに忠実たるべく全力を尽くす」と結んだ（Brüning, *Memoiren 1918-1934*）。

政権獲得後わずか数か月で確立したヒトラー独裁体制は、綿密に計画されていたものではなく、多くの偶然が重なったものであり、ヒトラー自身も「限りなく運がよかった」ことを認めていた（Morsey, *Das "Ermächtigungsgesetz" vom 24. März 1933*）。

こうして、ヒトラーによる「国民革命」（Nationale Revolution）が始まった。

スターリンが望んでいたドイツの新政権

ヒトラー独裁体制確立が円滑に進んだ要因のひとつが、ソ連支援の下で暴力革命路線をとっていた共産党が、ほとんど抵抗らしい抵抗をしなかったことである。

すでに指摘したとおり、世界共産革命を目指すレーニンの継承者スターリンは、革命実現にとって、英仏とドイツの対立が必須の条件であり、資本主義の最後のあがきであるファシストすなわちNSDAPではなく、改良主義によって歴史の進行を遅らせる「社会ファシスト」すなわち社民党こそ共産党の主敵とみなしていた。したがって、ヒトラーによる政権掌握は、スターリンが最重要視するドイツでの革命実現に一歩近づくことを意味する。スターリンは、資本主義国家間の対立を激化させると思われたヒトラー政権を望んでいたのである。

米国に亡命していたブリューニングは、日本降伏で第二次大戦が終わった直後の1945年9月、ニュルンベルク裁判の準備に当たる米軍法務官に対して、ドイツを常に政治的混乱状態にしておくことが、モスクワから共産主義者への指示だったと述べている。

また、著名な中国研究者カール・ウィットフォーゲルは、1951年8月に開かれた米上院司法委員会公聴会において、宣誓の下、貴重な証言を行っている。ドイツ共産党員だったウィットフォーゲルは、ヒトラー政権誕生前のドイツとモスクワでの経験を語り、ヒトラーを通じて大きなこと（big thing）を起こすことがコミンテルンの大方針だったと述べたうえで、「私は最初、ロシアの共産主義者は単に愚かだと思っていた。徐々に、これは現代における最大級の戦争を起こすための非常に大がかりな戦略（very big strategy）であることを理解するようになった。多少時間がかかったけれども、1939年に実現したのだ」。さらに、別のインタビューでは、こうした戦略はスターリンが立てたものではなく、レーニンに由来することを強調している。ただし、スターリンによって「ひどく残酷なものになった（bestialisiert）」と（Greffrath, *Die Zerstörung der Zukunft*）。

第二次大戦中、すでに共産主義を捨てていたウィットフォーゲルはニューヨークで、ベルトルト・ブレヒトに同じ趣旨のことを述べている。ただし、1954年にスターリン賞を授与され移住先の東ベルリンで死んだブレヒトは、ウィットフォーゲルは反スターリン主義者だとして、その主張を冷やかし気味に記している（Brecht, *Arbeitsjournal*）。

ヒトラー政権獲得時、モスクワにいたドイツ共産党幹部マックス・ヘルツは、スターリンの無抵抗方針に反対し、ドイツに戻って反ヒトラー運動を主導することを志願する。しかし、その願いは叶えられることなく、ヘルツは1933年秋、モスクワ近郊の川で「溺死」した（Krivitsky, *In Stalin's secret service*）。

プロテスタントからの圧倒的支持

そもそも、ヒトラーを支持したのは誰だったのか。1933年1月のヒトラー政権成立前、NSDAP支持が最高を記録した1932年7月の総選挙結果で確認してみよう。この選挙で有権者総数に対するナチス絶対得票率は31パーセント、有効投票総数に対する相対得票率は37パーセントであった。当時のドイツは比例代表制なので、候補者ではなく政党に投票することになる。NSDAPイコールヒトラーといってよいので、NSDAP得票率はそのままヒトラー支持率とみなすことができる。

まず、NSDAP得票率は都市より農村の方が高かった。そして、ヒトラーを支持したのが誰かを検討する上で決定的に重要な論点が、宗派（カトリックとプロテスタント）による支持率の差、特に農村における極端な違いである（以下、データはFalter, *Hitlers Wähler*とHamilton, *Who voted for Hitler?*に基づく）。

NSDAPといえば、カトリックの牙城であるバイエルン州のミュンヘンに本部があり、カトリックの保守反動的イメージから、プロテスタントに比べカトリック地域での支持率が高かったと予想されるかもしれない。実際、カトリックの保守性とヒトラー支持を結び付ける主張もある。ちなみに、オーストリア人ヒトラーは、死ぬまで破門されることなくカトリック教徒であった。

しかし、このもっともらしい主張は正しくない。全国を農村と都市に二分し、さらに宗派によってカトリック地域（カトリックが4分の3以上）とプロテスタント地域（カトリックが4分の1未満）に分けて、NSDAPの絶対得票率を見ると、農村では、カトリック地域17パーセントに対しプロテスタント地域は41パーセント、全国で見ても、それぞれ18パーセントと37パーセントで2倍以上の差がある。都市では社民党や共産党の支持基盤であるブルーカラー労働者が多いため、プロテスタント地域でのナチス得票率は32パーセントと低下するものの、それでもカトリック地域の19パーセントを大幅に上回っていた。

大都市で見ても、本部があるミュンヘンですら、NSDAP得票率は左翼の牙城とされユダヤ人も多い首都ベルリンと同程度、ハンブルク、ライプチヒあるいはドレスデンといった同規模のプロテスタント都市には及ばなかった。

ヘッセン・バーデン地方の農村を例に、人口規模別に見てみると、プロテスタント農村（カトリックが3分の1未満）におけるヒトラーの人気は圧倒的である。人口250人未満の農村ではNSDAPの絶対得票率は実に7割を超え、棄権者を除いて投票所に足を運んだプロテスタント住民のほとんどがNSDAPに1票を投じたことになる。人口規模が大きくなるにつれてNSDAP支持率が低下し、2000人以上の農村では38パーセントまで減るのは、上述の農村と都市の得票率の違いともつじつまが合っている。一方、カトリック農村（カトリック3分の2以上）では、人口規模にかかわらず、一貫して得票率は2割程度と低かった。

農村におけるヒトラー支持の多寡は宗派の違いが決定的であり、決して階層化しているとはいえない農村におけるプロテスタントの圧倒的支持が、ヒトラーの政権獲得に大きく貢献したのである。

ドイツにおけるカトリックとプロテスタントの対立という視点は、見逃されがちであるけれども、ドイツ政治を理解するうえで不可欠である。ルール占領時のラインラント分離独立の動きも、反カトリックのビスマルクによるプロイセン主導のドイツ統一後における東部プロテスタント支配層（ユンカー）主導の国家運営に対する反発が底流にあった。ワイマール共和国でケルン市長を務め、第二次大戦後、西ドイツ初代首相となったコンラート・アデナウアーは、ラインラントを代表するカトリック政治家であり、その反プロイセン姿勢には毀誉褒貶があった。

下層中流仮説という神話

今日では「常識」となっている「ナチス＝無法者」イメージ同様、ドイツから亡命した学者が中心となって広めた、ヒトラー支持者が下層中流階級だったとする説（lower-middle-class thesis）が、戦後長い間、研究者の間でも通説であった。

その嚆矢となったのが、1930年総選挙でのNSDAP躍進直後に発表された、当時のドイツを代表する社会学者テオドール・ガイガーの「中間層のパニック」（Panik im Mittelstand）である（*Die Arbeit* 7巻10号）。

ガイガーは「中間層」という用語を使っているものの、中間層の上に位置する大資本家は国民全体のわずか1パーセントとしているので、それ以外の社会のエリート層はすべて広義の中間層に含まれる。実際、ヒトラー支持を「小市民過激主義」（kleinbürgerlicher Radikalismus）と表現するなど、「中間層のパニック」から上層中流階級が除外されていることは明らかである。典型的中間層として公務員を取り上げる際も、上級と中下級を区別し、ヒトラーを支持しているのは後者だとしている。

戦後日本を代表する進歩的文化人丸山真男の独創的業績とされてきた日本ファシズム論は、もっぱらドイツを念頭においた下層中流階級説の昭和初期の日本への機械的適用だったことがわかる。

　ガイガーらの下層中流階級説は、マルクス主義の強い影響下にあり、最終的には『共産党宣言』にたどり着く。「これまでの小中間層、すなわち小工業者、小商人、小金利生活者、手工業者と農民、これらのすべての階級は、没落してプロレタリアートになる」のが歴史の必然であるにもかかわらず、「すべて中間層としての存在を没落からまもるために、ブルジョアジーとたたかう。かれらは、だから、革命的なのではなくて、保守的である。そのうえ、かれらは、歴史の車輪をあともどりさせようとするので、反動的である」（水田洋訳）。

　本当にヒトラー支持者はもっぱら下層中流階級だったのであろうか。

　ヒトラーへの支持は、プロテスタント農村、プロテスタント都市、カトリック都市、カトリック農村という順序で低下する。プロテスタント地域では、農村に比べて都市でのNSDAP得票率が低下する一方、カトリック地域の都市と農村では、ほとんど得票率に差がない。そのため、都市では宗派による得票率の差が縮まる。ドイツ全体でみれば宗派の相違という決定的要因に比べて二義的な意味しか持たないけれども、都市に限れば、やはりヒトラーの支持基盤は圧倒的に下層中流階級であったのだろうか。

当時の有権者全体に占める割合は、それぞれ家族を含めて、労働者が45パーセント、上流・上層中流階級が5パーセント、残り50パーセントが新旧中間層である。データの制約から、労働者45パーセントと上流・上層中流階級と新旧中間層を合わせた中・上流階級55パーセントに大別する。後者の大多数は下層中流階級ということになる。

下層中流階級説が正しければ、ヒトラーは労働者からはほとんど支持を得られなかったはずである。ところが、NSDAP総得票数に占める労働者と中・上流階級の比は4対6で、ほぼ有権者数につりあっている。

中・上流階級とそれほど変わらない支持率を労働者から得たことが、ヒトラーの選挙を通じた合法的な政権獲得を可能にしたのである。さらに、全国の都市で見ても、地域の失業率と得票率に高い正の相関がある共産党とは対照的に、NSDAP得票率は地域の失業率が高くなるほど逆に低くなっている。失業した労働者がNSDAPを支持したわけではない。

それでは上流・上層中流階級と下層中流階級の間で投票行動に目立った違いはあったのだろうか。データの制約から確定的なことはいえないものの、不十分ながら地区別データを得ることができた人口規模上位14都市から、カトリックが8割を占めるミュンヘンとケルンを除いた12都市のうち11都市で上流・上層中流階級が住む地域でのNSDAP得票率が他地域よりも高かった。

ヒトラー支持者研究の第一人者ユルゲン・ファルターは、「プロテスタント・ドイツでは社会階層とNSDAPへの投票の間に正の統計的相関があり、個人の投票行動に移しかえて考えると、平均していえばNSDAPへの投票はプロテスタント上流・上層中流階級が中下層中流階級より多く、中下層中流階級は下流階級より多かったと解釈するのがもっともなことであろう（wahrscheinlich）」と指摘している。

この上流・上層中流階級のナチス支持率が高かったという指摘は、政権獲得以前の党員、とくに幹部党員に占める上流・上層中流階級の比率がその人口を考慮すると突出していたという事実ともつじつまが合っている（Mühlberger, *The social bases of Nazism, 1919–1933*）。

ヒトラー支持下層中流階級説は根拠のない神話だったのである。確かにプロテスタントの下層中流階級に比較的ナチス支持者は多かったけれども、労働者と比べ突出していたわけではなく、おそらく上流・上層中流階級の支持率より低かった。そして、下層中流階級も含め、伝統を重視し保守的傾向が強かったカトリックはヒトラーをそれほど支持しなかった。カトリックを支持基盤とする中央党への支持は最後まで強固であった。一方、プロテスタントのなかでもヒトラー支持者が目立ったのが、今日と違い進学率が低くエリートだった大学生であった。

政権獲得前のNSDAPが、特定の階級に支持者が偏った階級政党ではなく、すべての社会階層から万遍なく得票した国民政党（Volkspartei）、正確にはプロテスタントの国民政党であり、その指導層においてエリートの比率が高かったことは、かつて下層中流階級説を主張していた研究者も含めて、独英米の学界では今やコンセンサスとなっている。とはいえ、実証研究の動向を知らない知識人の間では、いまだに下層中流階級説が有力なようである。

ヒトラーの平和外交を拒否したフランス

ヒトラー政権が誕生すれば、ドイツと戦勝国の対立が激化し、戦争そして革命が早まるというスターリンの当初の目論見は当てが外れることとなる。反ベルサイユを旗印とする、政権獲得までの強烈な主張とは裏腹に、ヒトラーはドイツが軍事的に劣勢であり、国内課題が山積していることを理解するリアリストであり、当初は平和外交を展開する。

国民的悲願であるドイツ再軍備に関しては、共和国最後のシュライヒャー政権時に、ドイツの軍備における対等の地位が確認されながら、具体的にどうするかは未定であったところ、ヒトラー政権が誕生して間もなく、英国が動く。

1933年3月16日、労働党から離脱し英挙国一致内閣を率いていたラムゼイ・マクドナルドが、再開されたジュネーブ軍縮会議で演説し、マクドナルド・プランを提案する。5年を経過期間として欧州大陸の陸軍兵力に関して、ドイツに20万人まで増強することを認め、一方、他の主要国は、フランスは40万人（本国20万人・在外20万人）、イタリアは25万人（本国20万人・在外5万人）、ポーランドは20万人、チェコスロバキアは10万人、ベルギーは13・5万人（本国6万人・在外7・5万人）、ソ連は50万人に削減、空軍については現状維持とし、ドイツには認めず、空爆は禁止とした。

さらに、ヒトラー同様、1月に米大統領に就任したばかりのフランクリン・ルーズベルトは、5月16日に世界54カ国の指導者に向け、政治的・経済的平和を訴え、マクドナルド・プランに沿った軍縮を求めるメッセージを発した。

ヒトラーは翌5月17日の議会演説で、これまでの政権と同様、他国との平等を求め、空軍での差別的取扱いには反対しつつ、マクドナルド・プランが目指す方向に賛意を表明するとともに、ルーズベルト提案に「心からの感謝」（zu warmem Danke）を表明した。陸上兵力でみれば、フランス・ポーランド・チェコスロバキア・ベルギーの在外軍を除く総兵力は60万人弱で、ドイツ20万人の3倍弱、攻撃側は防衛側の3倍以上の兵力が必要とされるので、ドイツにとっては最低限必要な兵力数を確保できるということになる。

一方、フランスはマクドナルド・プランに難色を示し、軍縮会議は暗礁に乗り上げる。その結果、10月15日にヒトラーは、ドイツが二流国として軍事的に対等の地位を認められないことは許容できないとして、軍縮会議のみならず国際連盟からも脱退すると宣言した。それに対し、英国は１９３４年1月29日、ドイツの要求を一部受け入れた新たな軍縮案を提案する。ドイツの陸上兵力上限を増やし、空軍を認める一方、フランスの要求を入れ、突撃隊・親衛隊の非武装化をドイツに求めた。

この英国提案に、ドイツは航空兵力に関してフランスの5割あるいは周辺国計の3割のどちらか少ない方を上限として認めることなど、一部修正を求めたものの、突撃隊・親衛隊の非武装化を含め基本的に同意した。ヒトラーは一貫して空爆制限論者であり、爆撃機保有は要求しなかった。英空軍省高官で無差別爆撃を法的に裏付けたジェームズ・スペイトは、第二次大戦中、ヒトラーが空爆制限論者だったのは、その航空戦略に基づく本心からの主張であり、人目を欺くためではなかったと述べている（Spaight, *Bombing vindicated*）。

ドイツが交渉に前向きだったのに対し、フランスは4月17日に交渉打ち切りを宣言する。こうして独仏対立は決定的となり、欧州における軍備制限の望みは完全に絶たれた。英国を代表する『タイムズ』紙は4月19日の社説で、英国とイタリアはドイツに一定の再軍備を認める必要があることを認識しており、「ドイツの提案を理不尽とみなすことは全く不可能（really impossible）である」と記している。

フランス国内でも、のちにレオン・ブルムの人民戦線政権とシャルル・ドゴールのロンドン亡命政権で要職を歴任するピエール・ヴィエノが、将来の歴史家はベルサイユ条約から1934年春までを「フランスのためらい」（hésitations de la France）の章として論ずるであろうと述べ、「4月17日、フランスは組織された平和ではなく武装された平和を選んだ」と記している（*L'Europe Nouvelle* 1934年12月15日号）。

米国の減退、英国の復権

陸上兵力に関する独仏対立とは対照的に、英国との連携を外交の基本に据えるヒトラーの提案に基づき、ドイツ海軍の総トン数を英国の35パーセントとする英独海軍協定が1935年6月に結ばれた。英国支配層には、ソ連共産主義の防波堤としての期待も相まって、ベルサイユ条約に基づく戦後欧州体制はドイツに対して公平性に欠けるという認識も根強かった。強弱はあったものの、1939年春まで、英独連携が英国の基本方針となる。国の内外で人気のあった皇太子エドワードは、その親独姿勢を隠そうとしなかった。

大恐慌で米国中心の金融・貿易システムが機能不全となり、その圧倒的な経済力を背景に米国が国際政治を主導してきた1920年代と打って変わって、その対外的影響力が弱まったことで、欧州の政治的独立性が高まり、かつての支配者である英国が復権する。

経済面では、すでに政治的に独立していたオーストラリアなど自治領との関係を強化し、大英帝国の経済ブロック化を進め、1932年のオタワ協定に結実する。国際政治が不安定化するなか、自給圏を確立するとともに、米国からの経済的自立を図ったともいえる経済政策を推進したのが、ネヴィル・チェンバレン蔵相、のちの首相である。この帝国特恵(Imperial Preference)は、第一次大戦前、植民地相だった父ジョゼフが熱望しながら実現できなかった政策であった。

1930年代は欧州の外部すなわち米ソを排除し、英国が欧州を主導し宥和を目指した最後の時代であった。そして、ヒトラーはこの英国主導の枠組みのなかで、自給可能なドイツ民族共同体としての「大ドイツ」(Großdeutschland)を目指したのである。

ポーランドには宥和外交を展開

ポーランドは、1933年1月にヒトラー政権が誕生した後も、相変わらずドイツ侵攻の野心を捨ててはいなかった。3月に独裁者ピウスツキは、1923年の侵攻計画に従ってポーランド軍をドイツ国境に集結させ、パリに特使を派遣して、フランスに共同軍事行動を持ちかける。しかし、ダンチヒの帰属をめぐっては国際的にドイツへの好意的な声が支配的で、フランスも同意せず、作戦は遂行されなかった。ポーランドは4月に再度、対独「予防戦争」をフランスに提案したものの、同意を得られず、対独軍事行動を一旦、断念する。

ポーランドの反独姿勢を知りながら、ヒトラーは、ポーランドとの連携を積極的に進める。オーストリア出身のヒトラーは、プロイセンの伝統的支配層と異なり、反ポーランド感情は希薄で、戦勝国がポーランドに与えた旧プロイセン領にも思い入れがなかった。むしろ、ヒトラーは、第一の敵であるソ連と対抗するうえで、緩衝国として同じ反共国家ポーランドの存在を評価していた。こうしてドイツの東方外交は、共和国時代の反ポーランド・対ソ連携から反ソ・対ポーランド連携に180度転換する。

ポーランドも、フランスのジュニアパートナーではなく、東欧の大国としての地位を確立するうえで、ドイツとの連携にメリットを見出し、外交方針を転換させる。利害が一致した両国は、1934年1月、不可侵条約を締結する。

一方、フランスはヒトラーの下で再軍備を進めるドイツを牽制するため、すでに不可侵条約を結んでいたソ連との協力関係をさらに強化する。こうして、ヒトラー政権以前のドイツ・ソ連対フランス・ポーランドからドイツ・ポーランド対ソ連・フランスに枠組みが入れ替わった。しかし、ヒトラーがポーランドをドイツのジュニアパートナーとすることで長期的協力関係を構築しようとしたのに対し、ポーランドの対独連携は一時的な便法に過ぎなかったのである。

危機を乗り切り全権を掌握したヒトラー

授権法と政党解散で議会を無力化したものの、国家元首で軍最高司令官でもあるヒンデンブルク大統領の影響力は大きく残ったままだった。ただし、1934年に入り、高齢の大統領の健康状態が悪化し、後継問題が浮上する。全権を掌握したい「フューラー」(Führer)ヒトラーにとって、国防軍の支持が不可欠であった。

一方、政権獲得に至るまでヒトラーと二人三脚で歩んできた突撃隊リーダーのエルンスト・レームが、より急進的な体制変革、いわゆる「第二革命」を求め、ヒトラーと対立する。とくに、国防軍ではなく突撃隊中心の軍再編を求めるレームと、全権を掌握しプロの武装組織である国防軍中心の再軍備を進めようとしていたヒトラーの対立は決定的なものとなる。ヒトラーが軍縮会議で突撃隊の非武装化をあっさり受け入れたのは、ヒトラー自身の構想と合致していたからなのだ。

最終的にヒトラーは長年の友人でもあるレーム粛清を決意する。1934年6月30日、いわゆる「長いナイフの夜」（Nacht der langen Messer）に、レームはクーデターを企てたとして、他の突撃隊幹部とともに殺害される。さらに、突撃隊とは関係ない「危険人物」も同時に殺害された。その中には、共和国最後の段階でヒトラー政権を阻止しようとした、前首相シュライヒャーと党内最大のライバルだったシュトラッサーが含まれていた。

ヒトラー政権を阻止するため、事実上の法律顧問としてシュライヒャーを支えたにもかかわらず、政権成立後、授権法は「国民革命の勝利の表現」だとして、ヒトラー支持に乗り換えていた法学者シュミットは、「フューラーは法を守る」と題する論文で、事後法によって殺害を正当化したヒトラーを賞賛する。とはいえ、シュミットを「ナチ御用学者」とする批判は当たらない。

のちに、その法政治理論がＮＳＤＡＰ内で反国民社会主義的であると批判され、伝統保守勢力に近いゲーリングの庇護の下、大指揮者ヴィルヘルム・フルトヴェングラー同様、名誉職の「プロイセン枢密顧問官」に就任していたシュミットは、弾圧を免れた（Lethen, *Die Staatsräte*）。

事後法で謀殺を正当化するという反法治国家的異常事態にもかかわらず、国防軍はレーム粛清を歓迎する。ヴェルナー・フォン・ブロンベルク国防相は布告で、フューラーが軍人らしい決然とした態度と模範となる勇気で裏切り者と謀反人を鎮圧したことに「政治から離れた全国民の軍人組織である国防軍は、献身と忠誠をもって感謝する」と述べた。ヒンデンブルク大統領はヒトラーに「貴下はドイツ国民を深刻な危険から救った。ここに貴下に対し余の心からの感謝と承認を伝えたい」と記した電報を送り、公表した（Domarus, *Hitler*）。

党・政権内では、レーム粛清により突撃隊が無力化した一方、突撃隊に従属する弱小組織だった親衛隊の力が増し、リーダーのハインリヒ・ヒムラーの内政への影響力が大きくなっていく。

ヒトラーが国防軍による支持を固めたなか、粛清から１カ月ほど経った８月２日にヒンデンブルクが86歳で亡くなる。死の前日に、大統領と首相を一体化しフューラー兼首相のヒトラーが両方の権限を行使することを、国民投票を条件に認める法律が公布され、8月19日に投票が行われた。ヒトラーは重要な政策課題について何度か国民に信を問うており、この権限一体化を問う国民投票もその一例である。

結果は、投票総数4400万票（投票率96%）のうち賛成が3800万票で9割を占めた。しかし、棄権者も含めた有権者4600万人の1割に当たる400万人が反対し、ベルリン、ハンブルク、ケルンなどでは2割程度、アーヘンでは3割近くが反対した（Jung, *Plebiszit und Diktatur*）。

ヒトラー政権下の投票に関しては、反対者に対する不当な取扱いが強調され茶番とされることが多いけれども、全体で1割、都市部では2割もの国民が反対できる程度の自由は存在したわけである。共産圏では考えられない事態である。

ヒトラーとレームの対立を国民社会主義運動における反動勢力と革命勢力の対立ととらえ、レーム粛清で革命勢力は除去され、ヒトラーの反動的性格が明らかになったと言われることが多い。しかし、二人の対立は革命の進め方をめぐるものであり、ともに体制の根本的変革を目指す点では一致していた。レームが伝統的な暴力革命志向の「古いタイプの革命家」（Revolutionär alten Stils）であったのに対し、ヒトラーは見かけ上の合法性、暴力の潜在化などを通じ、敵だけでなく味方も欺く「冷たい革命手法」（Methoden der kalten Revolution）を用いて体制変革を成し遂げようとしたのである（Mau, *Vierteljahrshefte für Zeitgeschichte* 1巻2号）。

ヒトラー側近の「フューラー代理」（Stellvertreter）ルドルフ・ヘスはレーム粛清直前に、こう述べている。ヒトラーは「最大級の革命家」（Revolutionär größten Stils）、革命の大戦略家であり、そのときの状況で実現可能な限界を理解し、「氷のように冷たい計算に基づいて」（nach eiskaltem Abwägen）行動する。それを理解せず事を急ぐ人間は革命の敵であると（Sauer, *Die Mobilmachung der Gewalt*）。

1934年の時点で、レームと突撃隊を切り捨て、国防軍をとったのは、革命家にしてリアリストであるヒトラー苦渋の選択であった。しかし、ヒトラーはこの決断への後悔の念を年々強めていく。3年後の1937年、ヒトラーは「まことに遺憾ながら」（Zu meinem eigenen Leidwesen）レームを粛清せざるを得なかったと語っている（Domarus, *Hitler*）。また、ヒトラーは党幹部との会合で、いつか国民社会主義運動興隆の歴史が書かれるならば、レームはヒトラーに続く第二の人物として思い出さねばならないと語っている（Mau,

Vierteljahrshefte für Zeitgeschichte 1巻2号)。

さらに党内には、伝統保守勢力の牙城であった国防軍を国民社会主義に沿った軍隊に作り替えるチャンスを見逃したという意見も根強かった。ヒトラーも最終的に同じ結論に達していた。国防軍は反ヒトラーの中心勢力となり、軍最高幹部が関与した1944年7月20日の暗殺未遂事件に至る。現場で負傷し、事件関与で拘束されたものの容疑が晴れたアドルフ・ホイジンガー中将に、同年9月、ヒトラーは「スターリンがやったように、我が将校団を粛清しなかったことを、私は痛切に後悔している」と語っている(Heusinger, *Befehl im Widerstreit*)。

第五章

親英路線のムッソリーニとヒトラー

民主的なかたちでなされた政権への信任

ドイツが日本に続き国際連盟から脱退したあと、スターリンはすべての資本主義国を敵視する方針から、英仏との協調外交に転換する。

1934年9月、ソ連はこれまで英仏帝国主義の道具と批判してきた国際連盟に加盟し、常任理事国となった。各国共産党に対しても、スターリンはそれまでの社会民主主義者を主敵とする「社会ファシズム」論から社会民主主義者や自由主義者と共闘する人民戦線路線への転換を指示、1935年8月のコミンテルン第7回大会で、スターリン側近の書記長ゲオルギ・ディミトロフ主導の下、反ファシズム統一戦線方針が採択される。

ソ連の常任理事国としての国際連盟加盟に際し、非常任理事国で大国意識の強いポーランドの同意を取り付けるため、英仏は二つの選択肢を用意する。ひとつはポーランドを常任理事国にすること、もうひとつは少数民族保護条約の破棄であった。ポーランドは大国意識を満足させるよりも、国際的制約なしに少数民族の権利を制限し国民国家として純化することを優先し、条約破棄を選んだ（Raczynski, *In allied London*）。

こうしたなか、1935年1月、疑いなく民主的なかたちでヒトラー政権への信任が示された。ベルサイユ条約により国際連盟管理下にあったザール地方の帰属を決める住民投票である。選択肢はドイツ復帰、現状のまま国際連盟管理、フランス編入の三つであった。当然ながら、連盟管理下で行われる投票なので、ドイツ国内の国民投票と異なり、ヒトラー政権の介入は不可能であり、ヒトラー自身、復帰賛成派に秩序だった行動をとるよう厳命していた。実際、投票は国際選挙管理団も認める公正なものであった。

結果は、ドイツ復帰反対派の反ヒトラー・反国民社会主義キャンペーンにもかかわらず、有効投票の91パーセントがドイツ復帰に賛成、現状維持は9パーセント、フランス編入はわずか0・4パーセントで無効票数を下回った。有権者の98パーセントが投票したので、50万人強の有権者の9割がドイツ復帰を望んだことになる。反対派のみならずヒトラーも予想しなかった、圧倒的大勝利であった。

この投票結果を受けて、ザール地方がドイツに返還されただけでなく、ドイツ内外でのヒトラーの威信が大いに高まった。フランスが主導する国際管理下にとどまるよりも、ヒトラーが支配するドイツに復帰することを、圧倒的大多数の住民が自由な投票で選んだのである。こうして戦勝国はドイツ民族自決の声を無視できなくなった。ヒトラーは独仏間の領土問題はすべて解決したと明言、アルザス・ロレーヌ地方がフランス領土であることを、再度確認した。

一方、フランスのピエール・フランダン首相は、投票結果に異議を差し挟む仏国民はいないとする声明を発表、英国のジョン・サイモン外相は、欧州では宥和への機運が高まったと閣議で報告した。しかし、フランスでは徴兵期間を2年に延長することが検討され、英国では3月4日に軍備拡張計画が公表された。

ザール住民投票での圧勝で自らの立場を強固なものにしたヒトラーは、英仏との協調を目指しつつ、共和国時代に原則的理念としては承認されたものの、フランスの反対で実現できずにいた軍事的対等の実現を目指し、大きな一歩を踏み出す。

1935年3月15日にフランス国会が徴兵期間延長を可決した直後の16日に、ヒトラーは徴兵制導入と陸軍36個師団化を含む軍備拡張計画を明らかにしたのである。このベルサイユ条約に違反するドイツ再軍備に対し、英仏伊が共同して包囲網を形成しようとする。主導したのはムッソリーニであった。

緊張関係が続いていた独伊二国

イタリアはドイツとともに第二次大戦で枢軸国として連合国と戦い、ともにファシズム国家だったとして、ムッソリーニがヒトラーと当初から連携していたかのような主張があるけれども、事実は全く異なる。

ベルサイユ条約締結から3年後、1922年にイタリアの支配者となったムッソリーニは、戦勝国のリーダーの一人として、ドイツとオーストリアの関税同盟に反対するなど、英仏と協調しベルサイユ体制を維持する側に立ち、ヒトラー政権成立後も、独伊間には緊張関係が続いていた。そもそも同盟国でありながら、第一次大戦で連合国側についた裏切り者として、ドイツにおける対伊国民感情は良くなかった。

オーストリアではドイツとの合併推進が国民的コンセンサスになっていたものの、大恐慌による政治的・経済的混乱のなか、1932年に復古的政治家エンゲルベルト・ドルフスが首相となり、議会制を停止し独裁を確立、ドイツとの合併を否定し、オーストリアの独立維持を打ち出す。そして、オーストリア独立の守護者となったのがムッソリーニである。

ムッソリーニは1933年に英仏独伊からなる四カ国条約を提案するなど、経済的に弱体ながら欧州における四大国の一員として、欧州の秩序維持に積極的な役割を果たすことを目指していた。

オーストリアNSDAPや共産党だけでなく社民党まで弾圧するドルフスへの国民の反

発は大きく、チャンスとみたオーストリアNSDAPが1934年7月に暴力的政権奪取を試みたものの、失敗に終わっただけでなく、混乱のなかでドルフスを殺害してしまう。武装蜂起を事前に知らされていたヒトラーは関与を否定したけれども、首相殺害でオーストリアNSDAPだけでなく、ドイツにも非難が向けられ、オーストリア国内でドイツとの合併への熱意が冷めることとなった。ドルフスを継いだクルト・シュシュニックはムッソリーニ支持の下、オーストリア独立路線を堅持する。

1935年4月、ムッソリーニはイタリアのストレーザで、再軍備を進めるドイツに共同して対抗することを英仏首脳と確認する。しかし、仏伊と異なり、ドイツを組み込んだ欧州宥和を目指す英国は6月に英独海軍協定を結び、事実上、ドイツの再軍備を認める。

さらに、イタリアを英仏側からドイツ側に追いやる事態が起こる。1934年11月から始まったイタリアのエチオピア侵攻に対する国際連盟のイタリア制裁である。

英仏政府はアフリカの「非文明国」のために、イタリアと対立することは避け、侵攻を容認するつもりであった。ところが、侵略戦争反対を唱える国内世論の反発で、対伊圧力を強め、1935年10月、国際連盟では規約第16条に基づく経済制裁が決議された。制裁に反対したのはオーストリアとハンガリーだけであった。満洲事変に際して規約第15条に基づき「勧告」されただけの日本と異なり、国際連盟史上初めてイタリアは侵略国と認定されたのである。

苦境に陥ったイタリアを支援したドイツ

ところが、苦境に陥ったイタリアを支援することで、ドイツとイタリアの関係が改善する。結局、イタリア軍は1936年5月にエチオピア征服を完了、ハイレ・セラシエ皇帝は英国に亡命した。

しかし、この独伊接近には、さらなる裏があった。不完全な経済制裁に参加するだけだった英仏と異なり、ヒトラーは密かにエチオピアに軍事支援を行っていたのである。イタリアに恩を売りつつ、戦争を長引かせることで英仏とイタリアの対立を煽ろうとしたのだ。

第二次大戦後、「具体的支援（soutien concret）を提供してくれた唯一の国家……それはドイツ、ヒトラーのドイツだった」ことを明らかにしたのは、ハイレ・セラシエ皇帝自身である（*Figaro*, 1959年3月26日付）。

一方、真偽のほどは不明ながら、作家ベルトラン・ド・ジュヴネルは、1936年6月、エチオピア征服が成功裏に終わったムッソリーニから仏首相に就任したばかりのブルムへの伝言を頼まれたと述べている。その内容は、ドイツに対抗してオーストリアとチェコスロバキアを守るため、フランスとの関係を強化したいというものであり、ブルムは拒否したと記している（*Liberté*, 1938年3月13日付）。1935年に亡くなったジュヴネルの父アンリは1930年代前半にフランスの駐イタリア大使や植民地相を務めていた。

もう一人の革命家スターリンは、表向きは、妻が英国人で英米仏に受けが良いリトヴィノフ外相による不戦条約と国際連盟の集団安全保障体制の下での「平和」外交を推進しつつ、実際はイタリアのエチオピア侵略に関しても、革命の基本準則に従って行動する。1935年9月2日、スターリンは最側近の二人の政治局員、ヴィチェスラフ・モロトフ首相とラーザリ・カガノヴィチ交通相に、外務省がイタリアへの食糧輸出に疑念を持っていることを取り上げて、外務省の国際情勢への無理解を批判する書簡を送っている（*Сталин и Каганович переписка, 1931-1936*）。

紛争はイタリアとエチオピアとの間で生じているというよりも、イタリアとフランスを片方、英国をもう片方として生じている。

かつての協商はもう存在せず、今あるのは仏伊協商と英独協商という認識である。

両者の間の喧嘩が激しければ激しいほど、ソ連にとっては好ましい。両者が殴り合いを続けられるよう、我々は穀物をこちら、そしてあちらへと売ることができる。片方がもう片方を撃破してしまえば、我々にとって全く望ましくない。片方がもう片方にすぐ勝つことなく、両者の喧嘩ができるだけ長引くことこそ、我々には好都合なのだ。

スターリンが指摘するように、英独対仏伊という枠組みは、当時、リアリティのある想定であった。ドイツ再軍備を恐れる仏伊に対し、英国は仏伊と事前の相談なしにドイツと海軍協定を結び、事実上、再軍備を認めていたのである。

独伊支援の下で勝利したスペインのフランコ将軍

元来、英国寄りであったイタリアをさらにドイツに接近させることとなったのが、スペイン内戦である。一般には、敗れた人民戦線政府は民主主義勢力で善、独伊支援の下で勝利したフランシスコ・フランコ率いる反乱軍はファシスト勢力で悪とする、単純な二元論に立脚した反ファシズム史観が今日でも信じられているようである。

しかし、実際には、暴力を用いてでも社会を根本から変革しようとする革命勢力たる人民戦線派（frentepopulista）とカトリック色の強い伝統的なスペインを維持しようとする国民派（nacional）の争いと見るのが実情に合っている（Moa, *Los mitos de la guerra civil*）。「国民派」という表現は、「ナショナリスト」との違いを意識して、フランコ側が好んで用いたものである。

イタリア・ファシズムに顕著な国家を至上視するという意味でのナショナリズムは、そもそも普遍主義を意味するカトリシズムと相容れない。内戦が進むにつれ、スターリンの傀儡と化した人民戦線政府と異なり、軍事支援は受けても、フランコは政治的自主性を保ち続ける。フランコは第二次大戦中もヒトラーの要請を拒絶し中立を貫いている。スペイン内戦が第二次大戦につながったという主張には根拠がない。

スペイン内戦介入は地中海覇権を目指すムッソリーニにとっては大きな意味を持っていたけれども、そもそも保守反動だとしてフランコを嫌っていた革命家ヒトラーにとって、独伊接近がより重要だったともいえる。エチオピアの場合同様、ドイツは第三国を通じて人民戦線軍にも武器を売却し、内戦早期終結はドイツの国益に合致しないとして、ヒトラーは側近に「当分の間スペイン問題が欧州の関心を引きつけ、したがってドイツへの関心を削ぐことになれば、ドイツの政策はさらに前に進む」と語っている（Whealey, *Hitler and Spain*）。また、後述するホスバッハ覚書にも、戦争長期化がドイツの利益であり、フランコが完全に勝利することは望ましくないと明言したと記されている。実際、ヒトラーは、戦争を長引かせるような作戦をフランコに進言するよう現地のドイツ軍事顧問に命じていた。

スペイン内戦勃発から3ヶ月後の1936年10月、ベルリンでノイラート独外相とムッソリーニの女婿であるガレアッツォ・チアノ外相が秘密覚書を結び、直ちにドイツはイタリアのエチオピア併合を承認、ムッソリーニは11月1日のミラノでの演説で、ベルリンとローマを結ぶ線は障壁（diaframma）ではなく、平和を願うすべての欧州諸国がそれに沿って協力し得る「枢軸」（伊asse, 英axis）であると述べる。独伊枢軸の始まりである。一方、ムッソリーニは英国にも友好を呼びかける。

実はこの時点で、英仏主導の国際連盟はイタリアのエチオピア征服完了を受けて、制裁は無意味となったとして解除しており、ムッソリーニ演説に呼応するかのように、英国は1937年1月にイタリアと地中海における互いの利益尊重をうたう共同宣言に調印、英伊友好を確認した。

さらに、1937年12月にイタリアが国際連盟から脱退したあと、英国とイタリアは1938年4月に復活祭協定を結び、両国の友好関係を再確認する。ムッソリーニの英独を天秤にかけた権謀術数外交は、1940年にドイツ側に立って参戦するまで続くのである。

英国はドイツへの制裁に反対

第一次大戦で得た欧州覇者の地位永続化を狙うフランスは、ドイツ包囲網の一環として、ソ連との軍事的協力関係構築が検討されていたけれども、帝政ロシアの債務をソ連が引き継がなかったこともあって、反対の声も大きかった。しかし、1935年3月のドイツ再軍備宣言が追い風となり、同年5月にソ連と相互援助条約を締結する。同時期にソ連はチェコスロバキアとも相互援助条約を締結、仏ソを軸にしたドイツ包囲網が強化される。

しかし、ロカルノ条約によって集団安全保障体制を確立したにもかかわらず、締結国であるフランスがドイツを念頭においた軍事的内容を含む条約を結ぶことはロカルノ条約に抵触しかねない。実際、ロカルノ条約と齟齬をきたさないよう、締結前に英国のサイモン外相は駐仏大使を通じて、ピエール・ラヴァル外相にこの英国の「最大関心事」(preoccupation)を伝達している。

フランスはロカルノ条約に反する内容ではないという立場を表明したけれども、法的にはどうあれ、仏ソ相互援助条約はロカルノ条約の精神に沿ったものとは言い難かった。ドイツは、仏ソ条約がロカルノ条約と整合するという解釈に抗議する。ただし、この時点では、特定の要求はせず、抑制された対応を行う。フランスでも条約は調印されただけで批准はされないままであった。

しかし、1935年6月に首相となったラヴァルは1936年1月17日に条約批准を国会に求めると表明、1月24日にラヴァルに代わってアルベール・サローが首相に就任し、2月に仏国会で審議が始まるのと時を同じくして、英国王ジョージ5世葬儀列席の帰途にソ連国防次官トハチェフスキー元帥がフランスを訪問し、モーリス・ガムラン陸軍総監をはじめ、閣僚や軍高官と会談した。

2月21日にヒトラーは前述の作家ジュヴネルのインタビューに応じ、フランスとの友好関係が自らの願いであると述べつつ、仏ソ条約はそれを危うくするのかという問いに、「この極めて嘆かわしい条約は当然ながら新たな状況を作り出すだろう」(ce pacte plus que

図3　ラインラント

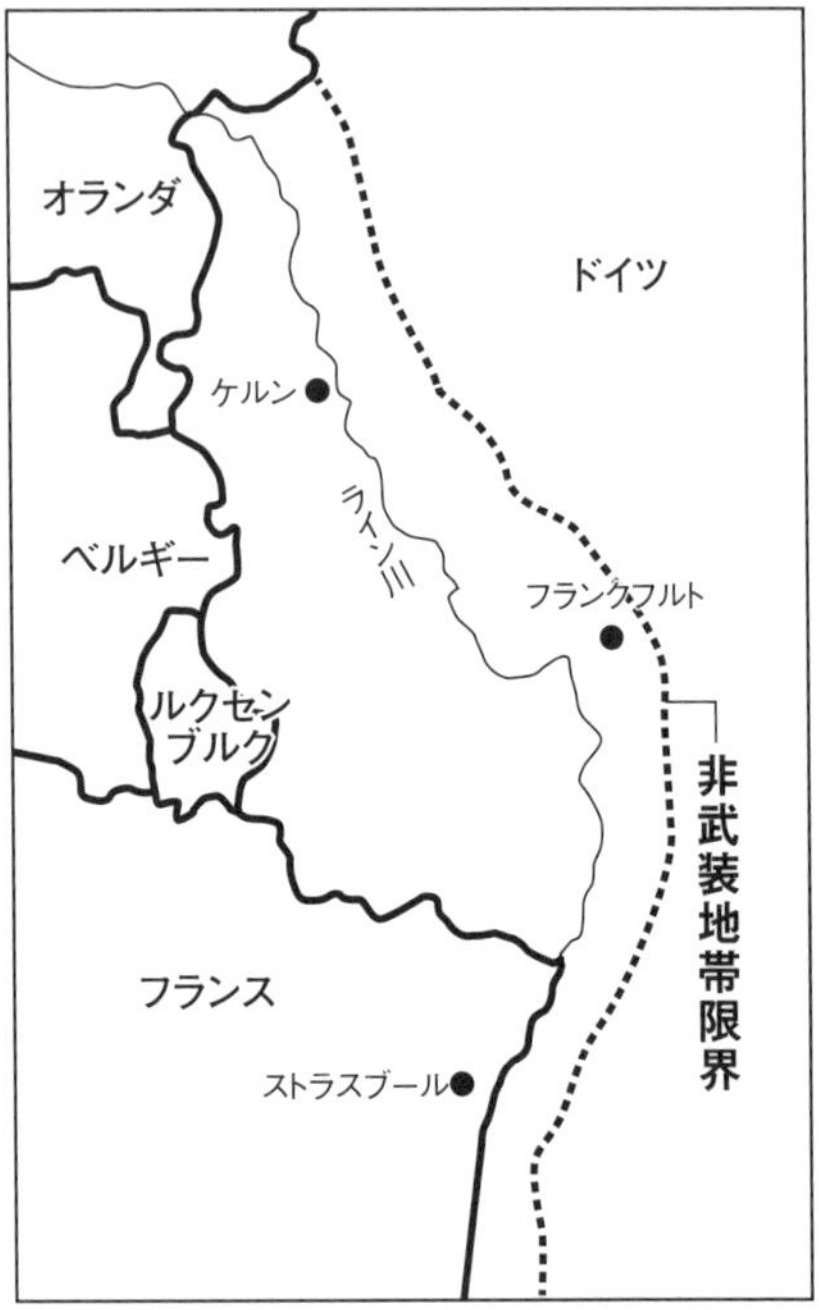

déplorable créérait naturellement une nouvelle situation）と答えている。条約は2月27日に国会で批准された。ヒトラーのインタビューが新聞に掲載されたのはその翌日であった（*Paris-Midi*, １９３６年2月28日付）。

仏ソ条約批准に対応するかたちで、3月7日、ドイツ軍部隊はベルサイユ条約で非武装を義務付けられていたラインラントに進駐する。ドイツの戦時賠償履行に伴い、連合国部隊は１９３０年6月に撤退しており、ドイツ軍進駐時には、ラインラントはまさに完全な非武装状態であった。ただし、進駐した部隊は小規模であり、軍事的というより主権回復を象徴する政治的進駐であった。

ヒトラーは進駐当日の議会演説で、仏ソ相互援助条約発効によりロカルノ条約は効力を失ったとして、ラインラント進駐を正当化するとともに、ジュヴネルによるインタビューに触れながら、フランスとの友好を望むとして、ロカルノ条約締結国にロカルノ条約に代わる新たな不可侵条約を提案し、国際連盟への復帰にも言及した。さらに、フランス・ベルギーと非武装地帯設置交渉の用意があるとした。提案に関しては覚書の形で、演説直前に各国大使に伝達されていた。

国際連盟はただちに理事会開催を決定、各国はドイツのベルサイユ・ロカルノ条約違反を批判する。ただし、その対応には大きな温度差があった。対独制裁を求めるフランスとベルギーに対し、3月17日のドイツを除くロカルノ条約締結国会合で、英国のアンソニー・イーデン外相はヒトラーの提案を受けてフランス・ベルギーとドイツの国境の両側に中立地帯を設置することを含む新たな取り決めを提案、3月18日の連盟理事会でもイーデン外相は、ラインラント進駐は明白な条約違反としつつ、戦争の差し迫った脅威を伴うものではないと述べた。

3月26日の英国会の審議でも、イーデン外相は、フランスとベルギーが要求する経済政策を手始めとする段階的制裁には反対と明言した。同じ審議で、第一次大戦時の首相で野党議員だったロイド・ジョージは、ヒトラーを弁護するものではないと言いつつ、ロカルノ条約締結国が軍縮に応じなかったことなどを指摘し、対独強硬派を戒めている。

フランスも当初の強硬論から軟化し、戦勝国の報復を恐れる国防軍と外務省が反対するなかでヒトラーが断行したラインラント進駐は、既成事実として黙認されることになった。

ヒトラーの判断が正しかったことは、一般国民だけでなく軍においても、その威信を高めることとなった。そもそもドイツは他国領土に侵攻したわけではなく、ラインラントはドイツ領土であって、そこに自国軍隊が駐留することを禁止した条約に無理があったともいえる。

同床異夢の日独防共協定

ユダヤ人への差別政策に加え、ベルサイユ条約に反する再軍備とラインラント進駐があったにもかかわらず、1936年8月に開かれたベルリン・オリンピックはボイコットされることなく、ヒトラーにとって再生したドイツを世界に知らしめる絶好の機会となった。

ヒトラーと並ぶベルリン・オリンピックの主役は、米国の黒人スプリンター、ジェシー・オーエンスであった。オーエンスはドイツで大歓迎されたにもかかわらず、ヒトラーが黒人選手たちを無視したという『ニューヨークタイムズ』の記事（1936年8月4日付）から始まった、ヒトラーがオーエンスとの握手を拒否したという神話がいまだ広く信じられている。

この捏造については、オーエンス自身が現地でも、帰国後のインタビューでも否定しており、ヒトラーについて問われた際には「彼はすばらしかった」（he was fine）と答えている。ただし、オーエンスは後年、神話を利用するようになる（Baker, *Jesse Owens*）。

このベルリン・オリンピックが成功裏に終わったあと、1936年11月1日のムッソリーニ「枢軸」演説に続き、11月25日に日独防共協定が結ばれた。日独伊枢軸の誕生である。1937年11月にイタリアが防共協定に加入し、かたちのうえでは、日独伊枢軸は正式に条約で担保されたこととなった。しかし、三国の意図はばらばらであり、確固とした同盟関係が成立したわけではない。

元来、ドイツには第一次大戦において連合国側で戦った日本に対する反感が根強くあり、外務省も国防軍も蔣介石率いる中華民国との連携を重視していた。経済の面でも、工業製品の輸出で競合する日本よりも、一次産品輸出国である中国との貿易にメリットがあると考えられていた。

一方、ヒトラーの外交指南役であったリッベントロップは駐英大使として、英国外交における反独派の影響力を痛感し、東アジアに大きな権益を持つ英国を牽制するため、日本との連携を重視していた。ソ連との対抗を重視した日本とは同床異夢であった。だからこそ、伝統的に親英勢力が大きな影響力を持つ日本は、ドイツとのさらなる連携にはなかなか進まなかったのである。

リッベントロップに関しては、英国を政治的に弱体であり戦争の意思を欠いた「商人国家」（Krämernation）と軽視した結果、ドイツ外交を誤らすことになったという主張が、第二次大戦後、通説となっている。しかし、実際には、リッベントロップほど、英国の対独強硬姿勢を深刻にとらえていた人物は少ない。

リッベントロップの英国理解が的を射たものであったことは、第二次大戦後、結論部分を除き長期間行方不明になっていた、駐英大使離任に際してのヒトラーへの報告書（Scheil, *Abschreckungspläne*）を見ればよくわかる。通説とは全く逆に、英指導層のなかに対独戦争も辞さないとする勢力が存在することを前提にドイツ外交を進めるべきとヒトラーに進言していたのである（Scheil, *Ribbentrop*）。

さらに、ニュルンベルク裁判で証拠として提出されたヒトラーだけに宛てた結論部分で、スタンリー・ボールドウィン首相はドイツとの連携を望んでいたエドワード8世を退位させる必要があったと記している。実際、１９３６年12月に国王は退位していた。離婚歴のある米国人ウォリス・シンプソンとの結婚が理由とされている。この報告提出のあと、１９３８年2月にリッベントロップは外相に就任する。

ルーズベルト大統領の隔離演説

日独伊の実際の外交を見れば、３カ国を枢軸国としてひとつのグループと見ることは、第二次大戦後の戦勝国史観に基づく結果論であり、当時の国際情勢を理解するうえでは適切とはいえない。しかし、この戦後史観の先駆けとなる演説が１９３７年10月5日に米国で行われた。ルーズベルト大統領の隔離演説である。

ルーズベルトは、疫病が広がり始めれば社会は患者の隔離（qurantine）を必要とするように、世界で無法という疫病（epidemic of world lawlessness）が広がっているなか、平和愛好国は一致団結せねばならないとして、名指しこそしなかったものの、日独伊を批判した。１９３３年1月に大統領に就任して以来、もっぱら内政に力を注いできたルーズベルトは、これ以降、積極的に国際政治にかかわっていく。

なぜこの時期だったのか。ルーズベルトは１９３６年11月の大統領選で大勝したものの、

1937年夏ごろから景気が悪化し、ニューディール政策の行き詰まりが明らかとなっていた。1938年の中間選挙で与党民主党は大幅に議席を減らし、民主党一党支配の南部を除くと、全員改選の下院得票率で共和党が民主党を上回った。ヒトラーの下で失業者が急減し経済復興著しかったドイツや、満洲事変以降好景気となった日本との違いが際立つことになった。ちなみに、大恐慌前の1928年を100とすると、10年後の1938年の一人当たり（2011年価格）GDPは、米国92に対し、日本は120、ドイツは122であった（*Maddison Project Database 2020*）。

内政の行き詰まりを積極外交で打開しようとするのは権力者の常である。結局、ルーズベルトは大量失業問題を第二次大戦参戦まで解決できなかった。米国経済はニューディールで再生したわけではないのだ（Higgs, *Depression, war, and cold war*）。

ルーズベルトにとって最大の障害は自国民であったともいえる。米国では第一次大戦参戦への疑問が底流としてあったなか、ジェラルド・ナイ上院議員を委員長とする1934年から1936年まで活動した上院特別委員会、いわゆるナイ委員会で、1936年に米国が銀行や軍需産業の利益のために参戦したとする報告がまとめられ、国民の間で孤立主義傾向が一層強まっていた。ルーズベルトは民意に反して、極論すれば国民をだましながら、対外介入を進めていくのである。

さらに、日本は言わずもがな、1930年代のドイツでは自国民の大量虐殺など行われておらず、ソ連に比べれば政治犯の数も圧倒的に少なかった。にもかかわらず、ルーズベルトは死ぬまでソ連を同じ民主主義陣営として扱い、その圧政に目をつむり続けた。米国との戦争を望んでいなかった日独伊を枢軸国として世界戦争に追いやったのは米国だったともいえるのだ。

「ホスバッハ覚書」に示されたヒトラーの生存圏

1937年11月5日、ヒトラーは、外交と軍の最高責任者だけを首相官邸に集め、自らの政治外交方針を明らかにする。出席したのはノイラート外相、ブロンベルク国防相、ヴェルナー・フォン・フリッチュ陸軍総司令官、エーリッヒ・レーダー海軍総司令官、そしてゲーリング空軍総司令官であり、ヒトラー副官のフリードリヒ・ホスバッハ大佐が陪席した。

このときの話の内容については、正式な議事録は残されなかったものの、ホスバッハが数日後に、記憶に基づき手書きのメモをまとめていた。ヒトラーは多忙を理由に、ホスバッハが正確性を期すため求めた内容の確認を行わず、公文書ではなく私的メモとして残された。

このメモは「ホスバッハ覚書」と呼ばれ、ニュルンベルク裁判ではドイツの侵略戦争意図を示す最重要文書として提出され、今日の正統史観ではそのように扱われている。ただし、裁判に提出されたのは原本ではなく、タイプされた文書のコピーであり、どのような経緯で連合国側に渡ったのかも明らかにされなかった。原本の所在は今も不明である。

ホスバッハ自身、手元にメモがないため記憶に基づくとしながら、裁判に提出された文書と彼が残したメモ及び彼が直接聞いたヒトラーの発言内容とには相違があると1946年6月に証言している。したがって、今日我々が目にすることができるニュルンベルク裁判に証拠として提出された文書が、当時のヒトラーの発言を正確に記録したものか疑いが残る。

とはいえ、ホスバッハは裁判で提出された文書が「大枠では」(in summa) ヒトラーの発言内容を反映していると証言しているので、ヒトラーの意図の全体像を理解するのには、大きな問題はないであろう。仮に原本に手が加えられているとしても、他の実例がそうであったように、ヒトラーの侵略性をより強調する方向で修正されていると思われるので、この文書に示された以上の侵略意図はなかったということができる。

いったい「ホスバッハ覚書」にはどんなことが記されていたのか。

今日の正統史観における最大のヒーロー、英国の戦時宰相チャーチルは『第二次世界大戦』にこう記している（Churchill, *The Second World War*）。

11月5日、彼［ヒトラー］は軍の司令官たちに自らの将来計画を明らかにした。ドイツにはさらなる「生存圏」（living space）が不可欠である。これには東部欧州が一番望ましい。ポーランド、ベラルーシそしてウクライナである。これを得ることは大戦争、それに付随して、そこに住む住民の絶滅を伴う。ドイツは二つの「憎むべき敵」（hateful enemies）、英国とフランスを考慮に入れねばならない。英仏にとって、欧州の中心にドイツという巨人が存在することは耐え難い。武器弾薬製造で先行する優位性とナチ党が喚起し体現する愛国的熱狂を利用するため、最初の好都合な機会に戦争を行い、二つの明確な敵の戦う準備が整うまでに両国に対処せねばならない。

しかし、ヒトラーがこの日、自らが死んだ場合に「後世に実現を期待する遺言」

(testamentarische Hinterlassenschaft) として語った内容は、チャーチルが主張するような壮大な侵略戦争準備とは全く異なるものであった。

たしかにヒトラーは『我が闘争』以来、日本語で「生存圏」と訳される「レーベンスラウム」(Lebensraum) の確保を強調していた。ホスバッハ覚書でも同様であり、ドイツの将来は「領域の必要性」(Raumnot) を解決することに全面的に依存しており、一〜三世代必要な仕事だとしている。

領域問題と関連する経済自給化については、ヒトラーは、輸出入に依存することは望ましくないとしつつも、完全自給化は不可能であり、国際通商への参加は不可避と考えており、原材料供給地は海外ではなく地続きでなければならないとして、その確保も一〜二世代かかる仕事であり、それ以上はさらなる将来世代の問題であるとした。

ソ連が革命と内戦で疲弊し、その将来が危ぶまれていた『我が闘争』執筆時とは異なり、ヒトラーが生存圏とした範囲は、チャーチルに代表される正統史観の見方とはかけ離れた、限定されたものであった。具体的に、武力を用いてでもドイツに加えるべき「生存圏」とされたのは、オーストリアとチェコ(チェコスロバキアではない)だけである。

とはいえ、ヒトラーはポーランドとソ連(ウクライナ・ベラルーシ)そして英仏にも言及している。ただし、それは生存圏としてではなく、オーストリアとチェコを併合するにあたって、とくに武力を用いた場合、この四カ国からの介入をいかに防ぐかという観点からである。ヒトラーはドイツがソ連とポーランドを攻撃するのではなく、逆に攻撃されることを避けるにはどうするかという視点で語っていたのだ。

ヒトラーは、英仏米と異なり、着々と軍備増強を進めるソ連を深刻な脅威ととらえていた。1936年9月にヒトラー不在の閣僚会議でゲーリングが読み上げた、ヒトラーの手になる4カ年計画意見書で、ドイツの存在自体を脅かすソ連に対抗するため、戦争遂行可能な体制を確立する必要があると強調していた（*Vierteljahrshefte für Zeitgeschichte* 3巻2号）。ドイツは共産主義の攻撃に対する西洋の焦点（Brennpunkt）であり、この運命から逃れることはできず、ドイツに対する共産主義の勝利は、ドイツ民族の最終的壊滅、まさに絶滅につながると記している。ヒトラーはまた、ソ連共産主義の脅威に対抗しようとしているのはドイツ以外、日本とイタリアだけだとも指摘している。

このような共産主義の脅威からの防御（Abwehr）の必要性を前にして、他の考慮は二次的にすぎないとして、現状では十分とはいえない軍備の増強テンポを速め、4年でドイツ軍とドイツ経済を戦争に即応できる体制にせねばならないと結論付けている。実際、スターリンは当時、世界革命に向けて、すべてに優先して軍備大増強を行っていたのである。

ポーランド、ハンガリーとの友好関係を重要視

ホスバッハ覚書に戻ると、外務省や軍に限らず伝統的支配層のコンセンサスであった反ポーランド政策を退け、対ポーランド宥和政策を行ってきたヒトラーは、ドイツが強国である限り、オーストリア・チェコ併合に際し、ポーランドの好意的中立が期待できると主張している。ヒトラーは、ポーランドに加え、ハンガリーとの友好関係も重要視していた。ヒトラー構想では両国はドイツのジュニアパートナーとなることが期待されていた。

ホスバッハ覚書に示された、ヒトラーの現実政治家としての生涯の課題は、19世紀以来のドイツ・ナショナリズムの悲願であった大ドイツの実現であった。オーストリアとチェコを生存圏に組み入れるには武力も辞さないという決意を表明したけれども、その場合も、英仏との軍事的対立は避け、戦争となった場合も限定化を目指すとした。

ヒトラーは、地中海における英仏とイタリアの対立が深刻化することを期待しつつ、1943年から1945年が、生存圏実現のタイミングであり、軍事面でのドイツの相対的優位性を考慮すると、それ以上は待てないと主張する。自分がまだ生きていれば、遅く

ともこの時期にはドイツの領域問題を解決するというのが変更不可能な決定であると断言する。

チェコ併合を強行しても、大英帝国維持に苦慮し、欧州での大戦争を望まない英国は結局のところ、介入せず、英国が介入しない以上、フランスが単独で介入することもないとみていた。

ただし、オーストリアとチェコ以外に対する侵略構想は一切出てこない。ブロンベルク国防相とフリッチュ陸軍総司令官が英仏と敵対する危険性について指摘しても、ヒトラーは英国が介入しないことを確信しており、したがってフランスが軍事行動を起こすこともないと信じていると述べている。

オーストリアに関しては、すでに1937年7月に英国のネヴィル・ヘンダーソン駐独大使が、ドイツの駐オーストリア大使になっていた前首相パーペンに、事を急ぎ過ぎないようにと忠告しつつ、「ライヒドイツの意味でのこの問題の解決」、すなわちドイツとの合併の「歴史的必然性（historische Notwendigkeit）を英国は十分理解していると私は確信する」と述べていた。この発言が大使一個人の見解ではなかったとは、ホスバッハ覚書に記録された会合の2週間後に明らかになる。

ヒトラーが自らのライフワークとしたのは、ドイツの伝統的支配層と同様、大ドイツの実現であって、東方侵略、ましてや世界征服など全く視野になく、英仏伊と異なり海外植民地も重視していなかった。

ノイラート外相はニュルンベルク裁判で、ヒトラーの計画の全体的傾向が「攻撃的性格」(aggressive nature)を持つことが明らかとなり、そのような政策に責任を負うことはできないとして、辞意を申し出たとしつつ、ヒトラーの2~3時間にわたる話は確たるかたちを持ったものではなく(no concrete form)、様々な可能性が想定されたものだったことを認めていた。

ノイラートは、年が明けて1938年2月に、駐英大使だったリッベントロップと交代した。ただし、ノイラートは外相辞任からほぼ1年後、ヒトラーがチェコを完全併合すると、ベーメン・メーレン(ボヘミア・モラビア)保護領の総督に任命され、1943年までその地位にとどまった。

ここで強調しておきたいのは、ホスバッハ覚書に示されたヒトラー構想が従来のドイツ支配層の考え方と連続性を持ち、ヒトラー政権誕生直後の1933年4月の閣議で、まさにノイラート外相が述べた内容と大筋では変わらないことである。

ヒトラーと距離を置く伝統的支配層の報告書と同じ方向性

このノイラート提言はヒトラーの意向によるものではない。ヒトラーと距離を置く伝統的支配層の牙城であった外務省の総意として、ベルンハルト・フォン・ビューロー外務次官が１９３３年３月にまとめた報告書を要約したものであったのだ（Wollstein, *Militärgeschichtliche Mitteilungen* 33巻1号）。

ビューロー報告書は、英伊との協調を重視し、対仏緊張緩和に努め、領土改定は軍事的・経済的に再び強国となってから具体化するとして、それまではウィルソンが提唱した民族自決に基づくプロパガンダを継続し、強国となった際には、武力を用いることをほのめかしている。ポーランドによる攻撃を恐れ、ハンガリーとの友好を強調する点もヒトラーと同じであった。

ヒトラーとの違いは、数百万人のズデーテン・ドイツ人が住むチェコには言及せず、旧プロイセン領だったポーランドとの国境改定を中心課題としていることである。その反ポーランド姿勢は強烈で、ノイラートが閣議でも述べたように、「ポーランドとの協調は不可能かつ望ましくもない」。

一方、ソ連との協調を重視し、イタリアがそうであるように、反共産主義と国家としてのソ連との友好は両立するという立場をとっている。この点では、ヒトラーがポーランドと連携してソ連と対抗しようとしたことと対照的である。

ダンチヒ返還のみでポーランドと妥協しようとしたヒトラーと異なり、対ポーランド国境改定に関しては、部分的解決は拒否し、全面的解決のみを目指すとして、「ただ分割」(Nur noch eine Teilung)とまで記されている。ポーランドが「平和的」にこのような「解決」に応じるわけもなく、武力行使が前提であったことは疑いない。

1933年にこのような主張を行っていたノイラート外相が1937年にヒトラー構想の「攻撃的性格」に衝撃を受けた理由は、武力行使そのものではなく、武力をオーストリアやチェコ併合に用いることであったと捉えることもできる。さらに、英国と連携してヒトラー政権転覆を画策していた、伝統保守を中心とする反ヒトラー勢力も、ビューロー報告書に示された反ポーランドの大ドイツ構想を共有していた(Scheil, *Ribbentrop*)。

ヒトラーが自らは望まない大戦争に巻き込まれるまで、ホスバッハ覚書に示された以上の侵略意図があったことを示す文書や発言は存在しない。軍首脳との秘密の会合ですらヒトラーは自らの「真の意図」を明らかにしなかったという主張を完全に否定することは難しい。しかし、対ポーランド開戦に至るまで、そうした「真の意図」を示す行動は見受けられない。ヒトラー・リッベントロップ外交の目的は、軍備強化と日独伊連携で英仏の軍事介入を防ぎ、ポーランドをジュニアパートナーとして、大ドイツを実現することにあった。それは世界征服への第一歩に過ぎなかったとする解釈に実証的根拠は存在しない。

大戦争となってから、ヒトラーは自らの計画どおりに事態は進展していると主張したけれども、為政者は事態が予想外に展開しても、最初からそのつもりだったと主張するものであり、結果から事前の意図を逆算することは適切ではない。そもそも、ヒトラーは戦争初期の軍事的に優勢だった時期に、ホスバッハ覚書に示された範囲とほぼ同じところまでドイツ軍が退く条件で和平を提案していたのである。

ホスバッハ覚書に見て取れるヒトラーのライフワークは、予想外に早く実現するチャンスがやってくる。

第六章

スターリンとルーズベルトの強固な戦争意志

チェンバレンも容認していた平和的併合

ドルフス首相暗殺でドイツとオーストリアとの関係が悪化したのち、後継首相となったシュシュニックは圧政を継続し、国内での不満が高まるなか、もともと国民的支持があったドイツとの合併を求める声が再び高まる。ドイツとの合併を求めていたのはオーストリアNSDAPだけではなく、ともに非合法化されていた社民党も合併推進派であった。シュシュニックの専制政治には英仏も冷ややかであり、エチオピア侵攻以来、ドイツに接近していたムッソリーニの仲介で、シュシュニックは表向きドイツに歩み寄る姿勢を打ち出す。

1936年5月にドイツのパーペン大使と会談、7月に両国は協定を結び、ドイツがオーストリアの主権を尊重すること、互いに内政に干渉しないこと、そしてオーストリアは「ドイツ国家」(deutscher Staat)であるという基本方針のもとに対独政策を進めることが確認された。直後に、1万5000人のNSDAP政治犯に恩赦が与えられ釈放された。

しかし、ドイツとオーストリアの協定は同床異夢の産物であった。この協定によって、合併への道筋がついたとみたヒトラーは、オーストリアNSDAP党員に厳格な規律を求める。一方、シュシュニックは二つのドイツ国家が併存することが確定したと考え、協定後も演説で共産主義者と並んで国民社会主義者を「不倶戴天の敵」（Todfeind）と呼ぶなど、反ヒトラー姿勢を隠さず、両国関係は悪化する。

こうしたなか、１９３７年1月にゲーリングはローマでムッソリーニに仲介を要請し、シュシュニックとオーストリアＮＳＤＡＰの間の調停者として非党員の弁護士アルトゥール・ザイス＝インクヴァルトが選ばれる。

一方、１９３７年10月の隔離演説で反独姿勢を鮮明にしたルーズベルト米大統領と対照的に、同年5月に英国の首相に就任したチェンバレンは、米国とソ連という非欧州大国の介入を防ぎ、英仏独伊の四カ国が協調して欧州の秩序維持を目指す宥和外交を展開する。同年11月、チェンバレンは、自らと考えを同じくする枢密院議長ハリファックス伯爵エドワード・ウッドを特使としてドイツに派遣することを決める。

訪問を前にして、ハリファックスは11月11日にロンドンで、当時は駐英大使だったリッベントロップと会談、ローマ・ベルリン枢軸とロンドン・パリ枢軸は現実であり、英仏独伊の協調が欧州の平和に貢献すると述べ、英独は対立すべきではなく、両国間の対立は文明の終わりを意味すると強調した。リッベントロップは自分も同意見であり、両国間の対立を望むドイツ人はいないと応じた。

ヒトラーは11月19日にノイラート外相同席の下、ハリファックスと会談する。ハリファックスは、英国世論にはドイツの政治体制に対する反発があるものの、ヒトラーがドイツで成し遂げたこと、ソ連共産主義の防波堤となっていることを評価し、英独相互理解のもとに英仏独伊が協調することは、平和の堅固な礎となると述べた。

一方、ヒトラーは、好ましくなくてもポーランドに関する現実をドイツが認めているように、我々はみなドイツが大国であることを認め、ベルサイユ的思考を克服し、世界が永遠に現状維持にとどまり得ないことを承認せねばならないと主張した。

それに対し、ハリファックスは、ドイツは大国以外の何物でもなく、誰も世界が今のまま続くとは思っておらず、問題はどのような方法で現状を変えるかであり、戦争ではなく「理性による解決」を選ぶべきだと答えた。ダンチヒ、オーストリア、チェコスロバキアに関しては、英国は必ずしも現状維持に関心があるわけではなく、トラブルを引き起こすような対処を避けることに関心があるとして、当事者の自由な意思に基づく理性的解決を阻止するつもりは全くないと述べた。

チェンバレン自身、11月26日付の妹アイダ宛書簡で、平和的方法であればドイツがオーストリアとチェコスロバキアのズデーテン地方を併合することを容認すると記していた。

なお、チェンバレンは回顧録を書く代わりに、妹宛てに手紙を残すというかたちで後世に記録を残した（*The Neville Chamberlain diary letters*）。

正統性に疑問符が付くシュシュニック首相

しかしながら、ヒトラーにとって、シュシュニックの強硬姿勢を前に平和的にオーストリアを併合することは困難な情勢にあった。英国がドイツだけでなくイタリアとも協調を進めるなか、オーストリアの守護者から併合を容認する立場に転じていたムッソリーニの再度のドイツ離れのリスクもあり、ヒトラーは一気にオーストリア併合に向け舵を切る。

一方、シュシュニックは首相就任以来、一度も選挙を経ておらず、ヒトラーにも指摘されたように、その正統性に疑問符が付いていた。

こうしたなか、ヒトラーはシュシュニックに訪独を求め、1938年2月12日に両者の会談が実現した。会談とは言っても、ザイス＝インクヴァルトの内相任命など、ヒトラーが出した条件を2月18日までに実行することを求める、事実上の最後通牒を突き付ける場であった。シュシュニックは抵抗したものの、最終的に要求を受け入れる。

ところが、この後、シュシュニックは大きな賭けに出る。3月9日、4日後の3月13日にオーストリアの独立維持を問う国民投票を行うと発表したのだ。しかし、選挙は地方選挙も含め何年も行われておらず、現実的に公平な選挙の実施が不可能であるばかりでなく、シュシュニックは反対者を排除したかたちで選挙準備を進めようとしたため、国内は騒然となる。

3月10日、ヒトラーはゲーリングの進言を入れ、他の手段で目的を実現できない場合、ドイツ軍に投票前日の3月12日にオーストリアに進入することを命じる。ただし、武力の行使を避け、住民に歓迎される平和的行進とし、いかなる挑発的行動も禁止した。

ゲーリングはザイス＝インクヴァルトを通じてシュシュニックに、首相辞任とザイス＝インクヴァルトの首相就任、国民投票延期などを内容とする最後通牒を突き付ける。シュシュニックは、事前に国民投票実施を伝えていたムッソリーニに仲介を依頼したものの断られ、万事休すとなった。

ところが、ゲーリングにすぐの首相交代を求められたのに、任命権者であるヴィルヘルム・ミクラス大統領がシュシュニックの辞任のみ認め、ザイス＝インクヴァルトの首相就任を拒んだため、ヒトラーは3月12日夜に進軍を命令、ドイツ軍はオーストリア領内に入る。進軍後に大統領はザイス＝インクヴァルトの首相就任を認めた。

軍用車両は、侵略ではなくドイツ民族の再統合のための進軍であることを示すため、花と旗で飾られ、実際、ドイツ軍は各地で熱狂的に歓迎される。ザイス＝インクヴァルトはニュルンベルク裁判において、両国の合意を象徴すべくオーストリア軍部隊もドイツ領内に入ることをリンツでヒトラーに進言し、オーストリア軍服での行進が実現したと証言している。

オーストリア＝ハンガリー帝国臣民だったヒトラーも故郷リンツに入り、大観衆を前に演説を行い、自らの予想を上回る熱烈な歓迎に感極まりむせび泣く。3月13日の夜明け前にドイツ軍部隊がウィーンに到達し、ミクラス大統領は辞任した。その結果、憲法の規定に従って、首相になったばかりのザイス＝インクヴァルトが大統領権限を掌握し、同日、オーストリアはドイツに正式に併合された。

オーストリア国民の圧倒的賛成を得た合併

1938年4月10日、併合の正統性を内外に示すために、オーストリアだけでなくドイツでも行われた国民投票で、合併賛成は両国とも99パーセントを超えた。この数字をみて、投票結果の公正さを疑うのはもっともなことである。しかし、ヒトラー政権成立後の

1935年に国際管理下で行われたザール帰属投票でも賛成票は90パーセントを超えており、オーストリアでも圧倒的多数が合併に賛成していたことは確実である。だからこそ、英仏もドイツの強圧的手法に対して形式的に抗議しただけで、合併を既成事実として認めざるを得なかった。

オーストリア社民党のリーダーで初代首相だったカール・レンナーは、国民投票を前に、賛成を呼びかけ、こう述べていた。「社会民主主義者として、諸国民の民族自決権の擁護者として、ドイツ・オーストリア（Deutschösterreich）共和国初代首相として、そしてサンジェルマン条約交渉代表として、私は賛成に一票を投じる（werde ich mit Ja stimmen）」（*Neues Wiener Tageblatt*, 1938年4月3日付）。レンナーは第二次大戦後、再建されたオーストリア共和国で初代大統領となった。

米国が参戦する前の1940年2月、ルーズベルトの特使として欧州に派遣されたサムナー・ウェルズ国務次官はローマでチアノ伊外相と会談する。その際、反独で知られ、のちに義父ムッソリーニの命令で処刑されたチアノですら、オーストリア併合については大きな誤解があり、オーストリア人の大半はドイツの一部として生きることを望んでいると述べたうえで、こう付け加えている（Wells, *Time to Decision*）。

オーストリア占領（occupation）前に、シュシュニック博士はローマに来た。彼は私に、もしドイツがオーストリアを占領したら、オーストリア人の大半は占領を支持するだろうし、もしイタリアが占領を防ぐためにオーストリアに軍を派遣すれば、オーストリア人は一体となってドイツ人と一緒にイタリアと戦っただろうと率直に認めていた。

第一次大戦後、ドイツとの合併を望んだにもかかわらず、サンジェルマン条約で戦勝国に禁止され、「ドイツ・オーストリア」という国名も許されなかったオーストリア国民にとって、「アンシュルス」（Anshluß）と呼ばれる、ヒトラーによる併合は悲願の実現であった。また、1848年の三月革命時のフランクフルト国民議会で提唱された大ドイツの実現でもあり、オーストリア併合後、「大ドイツライヒ」（Großdeutsches Reich）という表現が公式にも用いられるようになる。オーストリアがナチスドイツに侵略されたという「常識」は、第二次大戦後に作られた根拠なき神話である。

続いて、やはりフランクフルト国民議会で大ドイツの構成要素とされたベーメン・メーレンすなわちチェコに目を転じよう。

ヒトラーを挑発するチェコスロバキア大統領

チェコスロバキアは、チェコ人とスロバキア人のみならず、多数のドイツ人、ハンガリー人、カルパト・ウクライナ人、ポーランド人を抱える多民族国家でありながら、全人口の半分程度のチェコ人が主導権を握り、他民族の自治拡大要求を受け入れなかったことから、不満が高まっていた。とくに、ベーメン・メーレンに住むズデーテン・ドイツ人は、チェコ人に次ぎ、スロバキア人より多い人口を持ちながら、スロバキア人やウクライナ人に比べても、その自主性を抑えられており、自治要求は日増しに激しくなっていた。

ただし、チェコ人主導の中央政府からの広範な自治、さらには独立を求めたのはズデーテン・ドイツ人だけではなかった。ポーランドのベック外相は1937年4月、併合される前のオーストリアのギード・シュミット外相との会談でチェコスロバキアを「欧州の不可能事」(europäische Unmöglichkeit) と呼び、その解体を狙っていた。ハンガリーもまた、ハンガリー人居住地域のみならずカルパト・ウクライナ併合も視野に入れていたのである。

ホスバッハ覚書にあるとおり、チェコを武力によってでも併合すべきドイツ生存圏としていたヒトラーは、1937年12月、時期を特定することなくチェコスロバキア侵攻「緑」作戦の準備を命じる。さらに、1938年4月21日、ヒトラーは国防軍最高司令部

（ＯＫＷ）総長ヴィルヘルム・カイテルに作戦具体化を指示し、カイテルは5月20日に計画を提出した。ただし、チェコスロバキア側からの挑発がない限り、軍事行動は行わないこととされた。ＯＫＷナンバー・ツーのアルフレート・ヨードルの日誌にも、オーストリア併合後、ヒトラーは「チェコ問題の解決は急がず、まずオーストリアを消化する（verdauen）必要がある」と述べたと記されている。

しかし、カイテルが計画を提出したまさに5月20日、事態は急変する。ドイツ軍が動員されチェコスロバキア国境に進軍したとして、チェコスロバキア軍が動員され戦闘態勢に入ったのである。戦争の危機が迫ったとして、各国で大々的に報道され、ドイツ政府がドイツ軍動員の事実はないと声明を出したにもかかわらず、チェコスロバキアを挑発したとしてドイツ批判の大合唱となった。

実際には、ドイツの主張どおり、ドイツ軍動員の事実はなく、対独強硬派のチェコスロバキア大統領エドヴァルド・ベネシュ主導で捏造された偽情報であった。したがって、何も生じず、騒動は終わった。ところが、ドイツ国外では、ヒトラーの軍事的威嚇にチェコスロバキアが勇敢にも立ち上がったため、ヒトラーが「屈服」したと受け止められた。

この偽情報工作と時を同じくして、英国ではチェコスロバキアに関する正しい情報を伝え、その独立維持が英国の死活的利益であると訴える「チェコスロバキア委員会」が立ち上げられた（*Times*, 1938年5月21日付）。そのメンバーを見ると、「フォーカス」（Focus）グループが背後にいることは明白であった。チャーチルを中心とする反独派の非公式組織「フォーカス」の存在は、1963年にまだ存命中だったチャーチルの反対を押し切って、メンバーのひとりオイゲン・シュピーアによって初めて明らかにされた（Spier, *Focus*）。

ベネシュは英仏の対独強硬派と連携しており、英国における中心人物はチャーチルであった。捏造に関与していたか否かは不明ながら、チャーチルはこの偽情報に基づくドイツとチェコスロバキア間の関係悪化をさらに激化させるべく、反独の論陣を張る。

ベネシュ大統領の挑発で面目丸つぶれとなったヒトラーは、5月28日に軍首脳とリッベントロップ外相らにチェコ攻撃の決意を明らかにし、5月30日に変更不可と明示されたチェコ侵攻計画が決定され、期限は1938年10月1日とされた。

ヘンダーソン英駐独大使はのちに、偽情報に基づきチェコスロバキアの「5月21日の勝利」を喧伝した報道が、ヒトラーに武力による解決を決断させるとともに、チェコスロバキアを致命的に過信させ、ズデーテン・ドイツ人の要求を受け入れないよう仕向けることになったと厳しく批判している（Henderson, *Failure of a mission*）。

　また、英国の対独強硬派ジャーナリストのシーラ・ダフも、「これはベネシュによる意図的な挑発であり、それに対し彼はどれだけの犠牲を払わねばならなくなったのか、私はすぐに知ることとなった」と記している（Duff, *The parting of ways*）。

二回行われた英独首脳会談

　ドイツとチェコスロバキアの対立が抜き差しならないものとなるなか、あくまで英仏独伊による欧州宥和を目指すチェンバレン英首相は、閣僚経験者のウォルター・ランシマンを特使として派遣し、妥協点を見出そうとしたものの、成果を得ることはできなかった。チェンバレンは妹アイダへの1938年3月20日付書簡で、「我々はチェコスロバキアを助けることはできない。対独戦争の口実になるだけだ」と記していた。

　武力衝突の可能性が高まるなか、チェンバレンは最後の手段として、ヒトラーに直接会談を求めた。ヒトラーは高齢（69歳）の英首相ではなく、自らがロンドンに赴くと申し出たけれども、結局、英首相は生涯初の飛行機旅でミュンヘンに到着、二人は9月15日、ヒトラーの山荘があるバイエルンのベルヒテスガーデンで、通訳以外同席させず、さしで話し合った。

ヒトラーは民族自決原則に基づく解決を要求、チェンバレンは原則に同意しつつ、具体案については、一旦、帰国して検討し、英内閣とフランス及びチェコスロバキア政府の同意を取り付け、再度、訪独するので、それまで自制することを求め、ヒトラーも了承、一回目の会談は終わった。

帰国したチェンバレンは、事態が急迫しており、戦争を避けるためには民族自決の原則に従った早急の解決が必要と訴える。プラハから帰国したランシマン特使も同様の意見を述べた。一方、ベネシュはフランス政府に最低限の譲歩で解決するよう依頼、割譲する領土を限定し、それ以外の地域に住むドイツ人を移住させる提案を行う。ベネシュは第二次大戦がドイツ敗戦で終わると、この「提案」を実行し、旧チェコスロバキア領内からドイツ人を追放した。ドイツ降伏後、ドイツ東部領土を含む東欧全体で1000万人以上のドイツ人が追放され、200万人以上が命を落とした（de Zayas, *Die deutschen Vertriebenen*）。

9月18日、フランスのエドゥアール・ダラディエ首相とジョルジュ・ボネ外相は、ロンドンで英国のチェンバレン首相やハリファックス外相と会談、チェコスロバキアにドイツ人が過半数に達する地域のドイツへの割譲を求めることで一致し、翌19日に伝達、21日までの回答を要求した。英仏両国で対独強硬派は政府方針を批判、チャーチルはパリまで行って、対独強硬派をけしかけ倒閣を促した。一方、ハンガリーとポーランドもドイツと同様の要求をチェコスロバキアに突き付ける。

9月20日、ベネシュ大統領は一旦、英仏案の受け入れを拒否したものの、チェコ・ナショナリストのベネシュと違い、スロバキア人で分権論者のミラン・ホッジャ首相はベネシュに再考を求めるため、同盟国フランスに、武力衝突となった場合は介入しないことを明言してほしいと要請する（Benoist-Méchin, *Am Rande der Krieges 1938*）。フランスのみならず英国も、提案に応じない限りチェコスロバキアを支援しないと伝達し、9月21日にチェコスロバキア政府は英仏提案を受諾した。

これを受けて、チェンバレンは再度訪独、9月22日にケルン近郊のバートゴーデスベルクでヒトラーと二度目の会談を行った。これで手打ちかと思われたけれども、ヒトラーはさらに要求を吊り上げ、4日以内に併合される地域にドイツ軍が進駐すること認めるよう求めたため、第二回の英独首脳会談は物別れに終わった。

すでに英仏合意の下での領土割譲が確実になったのに、なぜヒトラーは急いだのか。第二次大戦後、当時フランスの駐独大使だったアンドレ・フランソワ＝ポンセが明らかにしたところによると、ドイツの情報機関がチェコスロバキア本国政府と駐英仏公使館の通信を傍受し、チェコスロバキアが時間を稼ぎ、その間に対独強硬論を抑えきれずチェンバレン内閣とダラディエ内閣が倒れることを狙っていることをつかんでいたのである（François-Poncet, *Souvenirs d'une ambassade à Berlin*）。

実際、ユダヤ人のジョルジュ・マンデル仏植民地相は、ベネシュに妥協しないように呼びかけており、英国はともかく、短命政権が続くフランスでの政変は現実味を帯びていた。こちらの情報もドイツに筒抜けであったとされる（Benoist-Méchin, *Am Rande der Krieges 1938*）。

英仏独伊首脳によるミュンヘン会談

第二回英独首脳会談と同じ日、チェコスロバキアでは首相が軍人のヤン・シロヴィに交代し、軍に総動員がかけられる。フランスも予備役を招集、イタリアも仏伊国境に軍を進めた。チェコスロバキアと同盟関係にあるソ連はすでに西部国境に赤軍を集結させていた。ベネシュはソ連に支援を要請したけれども、ソ連はチェコスロバキアと国境を接しておらず、ポーランドかルーマニアの通過許可が必要であった。反ソが国是のポーランドが認めるはずもなく、ルーマニアも国王カロル二世が「友人としてのロシアよりも敵としてのドイツを受け入れる方がよい」として、協力を拒否した。

もはや武力衝突は避けられないと思われるなか、チェンバレンとルーズベルトに要請されたムッソリーニが、英仏独伊首脳が一堂に会し、平和的に問題を解決することを提案、ヒトラーも受け入れた。チェコスロバキアは招待されなかった。こうして、9月29日、四首脳によるミュンヘン会談が始まった。

会談の表向きの主人公は、各国首脳と通訳なしで話せる英独仏語に堪能なムッソリーニであり、最終案もムッソリーニが提案した。しかし、英仏首脳には知らされていなかったけれども、実際に案を作ったのはヒトラーに次ぐドイツの実力者で対英協調派のゲーリングであった。

深夜に四首脳が合意した9月29日付協定によって、ズデーテン地方がドイツに割譲され、ドイツ軍が10月1日から進駐を開始することが決まった。チェコスロバキアは英仏の圧力により協定を受諾した。協定の条文を読むと、割譲自体はすでに9月21日に合意済みであることを前提に、割譲の具体的方法について英仏独伊は合意したとある。さらに、併合が円滑に行われることを保障するのは英仏伊とされ、ドイツは含まれていない。

付属協定で、英仏はチェコスロバキアに対する挑発されざる攻撃に対して保障を与え、独伊はポーランド人及びハンガリー人少数民族問題が解決された後、同様の保障を与えるとされた。さらに付属声明で、上記の少数民族問題が3ヶ月以内に解決されない場合は、再度、四首脳が共同して当たるとされた。

ポーランドとハンガリーに関する条項は、両国の守護者を自任するムッソリーニが割譲への道筋をつけるために付け加えた。ムッソリーニはポーランドやハンガリーと連携することで、ドイツを牽制しようとしていたのである。ただし、具体案は未定のままであった。

ミュンヘン会談に関しては、ズデーテン割譲で英仏独伊が合意したことに加え、英独の二国間で重要な合意がなされたことを忘れてはならない。9月30日、チェンバレンは帰国を前に、ヒトラーと会談し、英独首脳共同声明が出される。両首脳は、両国及び欧州にとって英独関係が一義的重要性を持つことを確認し、ミュンヘン協定と英独海軍協定を両国民の非戦の願いの象徴とみなし、欧州平和のため、両国に関するいかなる問題も相談のうえ解決することを決意するという内容であった。チェンバレンが凱旋帰国した際に「これは我々の時代の平和だと確信している」(I believe it is peace for our time) と宣言した背景には、この英独共同声明があったのだ。

ミュンヘン会談はチェコスロバキア解体の序章に過ぎなかった。ポーランドはミュンヘン会談前から、チェコスロバキアにポーランド人が住むテッシェン地方の割譲を要求して

図4　ミュンヘン会談後（1938年11月）

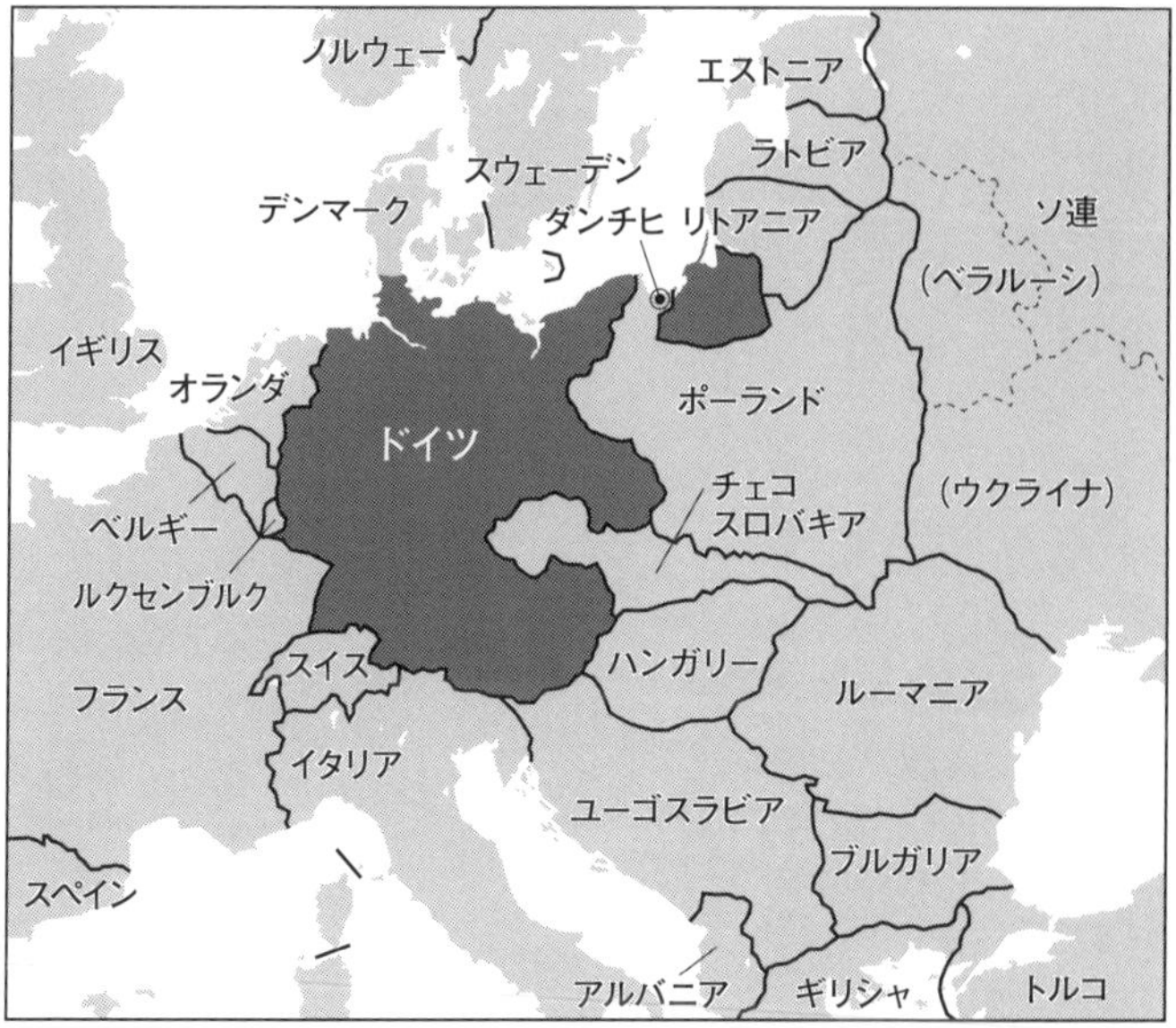

図5　チェコスロバキア領土割譲（1938年10〜11月）

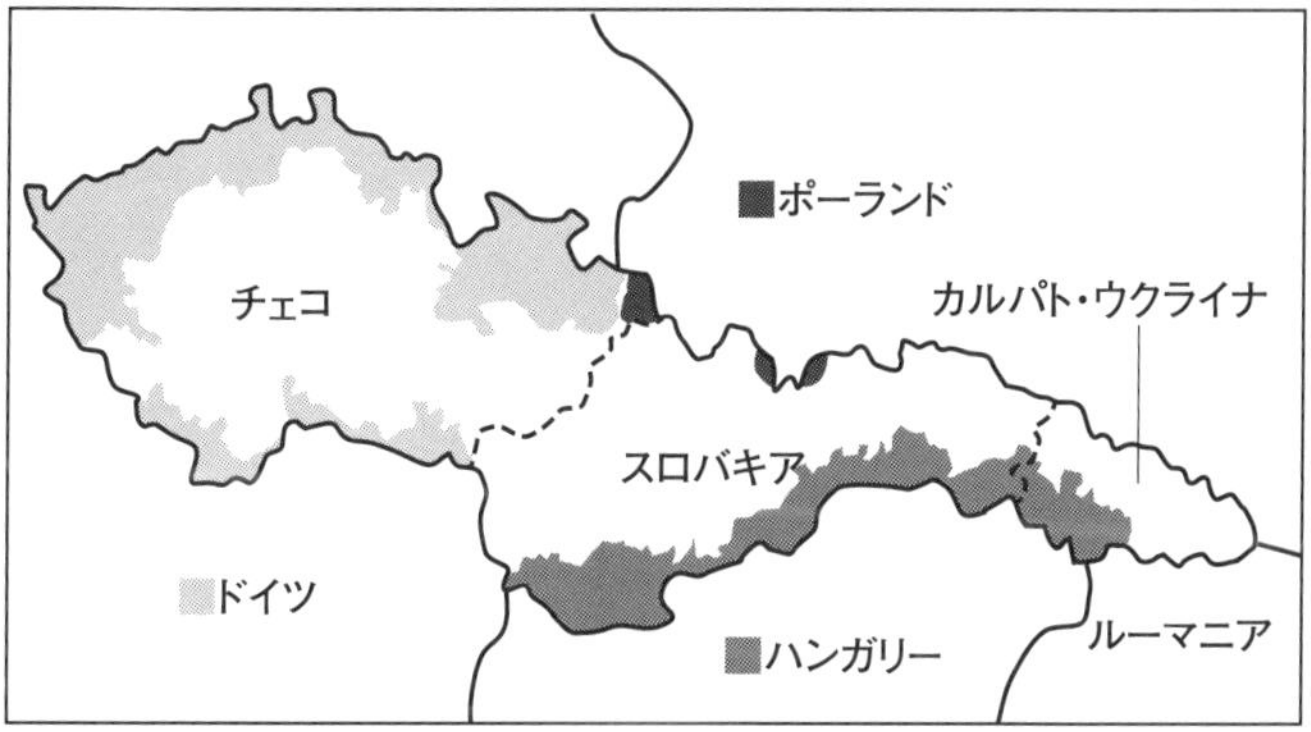

おり、9月30日に最後通牒を突き付け、チェコスロバキアは10月1日に受諾した。英仏はミュンヘン協定の精神に反するとして抗議するだけに終わった。

ポーランドの要求には、ドイツ人が住む小都市オーデルベルク（ボフミン）が含まれており、ドイツ外務省は割譲に反対したけれども、ヒトラーは「個別の都市ごとにポーランドと値切り交渉をする（feilschen）つもりはなく、寛大なところを見せたい」として、ポーランドへの割譲を認めた。

一方、ハンガリーはチェコスロバキアと合意のうえで、ミュンヘン協定に従い、独伊に領土問題解決の仲裁を依頼する。11月2日にウィーンで行われた独伊仲裁により、ハンガリー人が多数派となっているスロバキアとカルパト・ウクライナの一部がハンガリーに割譲されることが決まった。

ハンガリーとチェコスロバキアによる独伊への仲裁依頼公表を受け、ポーランドは10月31日に、ポーランド人居住地域というより経済的戦略的に重要な地域の割譲を、武力行使をちらつかせながら要求、翌11月1日にチェコスロバキアは1ヶ月前に続いて屈服し、要求をのんだ。

スロバキア人とカルパト・ウクライナ人の間でも、独立への機運が高まり、高度の自治に基づく東欧のスイスを目指したはずのチェコスロバキアは、チェコ人中心の政治体制を克服できず、解体に向かって進んでいく。

「ライヒ水晶の夜」とその後

ヒトラーの対ユダヤ人政策の基本は、望まなかった戦争が始まるまで、殺害ではなく追放であり、それも秩序だったかたちで行うことであった。そのため、ユダヤ人の独自国家建設を目指すシオニストと「ハヴァラ〈Haavara〉移転）協定」を結び、現在のイスラエル、当時の英委任統治領パレスチナにユダヤ人を移住させる政策を推進する。

同化を否定し純粋な民族共同体を目指すという点でヒトラーと見解が一致するシオニストは、ドイツ国内で比較的自由な言論活動を許され、国民社会主義以外、シオニズムは「第三ライヒで唯一公認された政治思想」であった（Black, *The transfer agreement*）。今日では「パレスチナ人」と呼ばれる多数派だったアラブ系住民との対立激化を恐れ、ユダヤ人の移住を制限したのは英国である。

ドイツ国内で散発的に生じたユダヤ人に対する嫌がらせや暴行は、ヒトラーの指示ではなく、ヒトラーが禁止したにもかかわらず、一部の暴走によって生じたのである。

ドイツのユダヤ人は、反ユダヤの言論が行われるなかで政治的権利を奪われながらも、基本的に平穏な市民生活が可能であり、また、各国が受け入れを望まなかったため、ほとんどがドイツにとどまることを選んだ。政府によるコントロール下にあったドイツと異なり、民衆による自発的な物理的迫害が日常化していたのは、ポーランドであった（Weiss, *Deutsche und polnische Juden vor dem Holocaust*）。

そのため、ポーランドからヒトラー統治下のドイツに逃げてくるユダヤ人が後を絶たず、ドイツはポーランドに送還しようとする。一方、自国民であるにもかかわらずポーランド政府はユダヤ人の受け入れを拒否する挙に出た。その結果、自らの家族がそうした運命にさらされたことに憤ったユダヤ人ヘルシェル・グリュンシュパンが、１９３８年11月７日にパリでドイツ大使館員を狙撃、11月９日に死亡する事件が起こる。

この殺人事件をきっかけとして、９日の夜に起こったのが、「ライヒ水晶の夜」（Reichskristallnacht）と呼ばれる、それまでドイツでは見られなかった大規模な反ユダヤ暴動である。この暴動には反ユダヤ主義の急先鋒だったヨーゼフ・ゲッペルス宣伝相が関与していたけれども、ヒトラーは治安当局に秩序回復を厳命した（Irving, *Hitler's war*）。この反ユダヤ暴動はドイツの対外イメージを大きく損なうことになり、米国はヒュー・ウィルソン駐独大使を召還する。

水晶の夜事件の後も、ドイツは秩序だったユダヤ人の国外移住を進めようとする。12月15日、フリーメーソンだったドイツのヒャルマル・シャハト無任所相兼ライヒスバンク（中央銀行）総裁は、ゲーリング承認の下、政府間難民委員会代表の米国人弁護士ジョージ・ルブリーに新たな提案を行う。この委員会はユダヤ人のドイツからの移住を検討するため、ルーズベルトの提唱で設立された国際機関であった。

提案内容は、ドイツ国内に住む60万人のユダヤ人のうち、老人、女性、子供以外の労働力となる15万人を、3年間、毎年5万人ずつ移住させるというものであった。

ただし、各国ともユダヤ人受け入れに後ろ向きで、ユダヤ人移住はほとんど進まなかった。米国は第一次大戦後、移民を北・西欧出身にほぼ限定する移民法を成立させ、『我が闘争』の続編として1928年に書かれた未公刊の『第二の書』（*Zweites Buch*）でヒトラーは、米国は「北方ゲルマン国家」（nordisch-germanischer Staat）であることを自覚しているとして、その移民政策を高く評価していた。

地続きの生存圏確保を目指すヒトラーは、第一次大戦で失った海外植民地の再獲得をあまり重視していなかったものの、政権内ではユダヤ人の強制移住先として検討されていた。

イタリアのチアノ外相は1939年1月3日の日記に、ルーズベルトからムッソリーニに対して、エチオピアとその周辺をユダヤ人の移住先とする提案があり、ムッソリーニは拒否したと記している（Ciano, *Diario 1937-1943*）。

ヒトラーとユダヤ人の関係は一筋縄ではいかないものであり、「ホロコースト」と呼ばれるユダヤ人の組織的殺害への一直線の道ではなかった。少なくとも、英国との協調を外交の柱とし、米国との対立も望んでいなかったヒトラーにとって不本意だった大戦争が起こらなければ、追放政策が続いただけで、組織的殺害はなかったであろう。

ほとんど知られていないけれども、ドイツ軍には将軍クラスも含めて、おそらく15万人を超えるユダヤ人がおり、ヒトラーの兵士として連合軍と戦ったのである（Rigg, *Hitler's Jewish soldiers*）。また、第二次大戦中、指導者アヴラハム・シュテルンの名前から「シュテルン・ギャング」と呼ばれた、シオニスト強硬派の反英地下組織「レヒ」は、ドイツに対英共同戦線を呼びかけていた（Yisraeli, *The Palestine problem in German politics 1889-1945*）。

英国とドイツの対立を煽るルーズベルト

英仏独伊の協調で、大英帝国を維持しつつ、欧州の独立を守ろうとするチェンバレンに対して、二つの「平和愛好国」米国とソ連は、虎視眈々と自国による世界一極支配を狙っていた。

当時のポーランドは強権的政治体制の下、周辺国を軍事的に威嚇し、ユダヤ人を含む少数民族を迫害する、米国の表向きの国是とは真っ向から対立する国家であった。しかし、ルーズベルトは、英仏独伊協調による欧州からの米国排除に対抗するため、欧州第五の国家ポーランドを利用する。

ドイツ軍が1939年9月にポーランドに侵攻した後、多数の公文書を入手し公表したものの、連合国側が大々的にドイツの捏造と宣伝したため、その信憑性を疑う意見がいまだ残っている。現在、その真贋については決着がついている。当時、ポーランドの駐英大使だったエドヴァルド・ラチンスキが戦後に出した回想録で、本物であり、しかもドイツはコピーではなく原本を手に入れたようだと記しているのだ（Raczynski, *In allied London*）。

水晶の夜事件から間もない1938年11月21日、ポーランドのイェジー・ポトツキ駐米大使はベック外相に、ルーズベルト側近で欧州外交の実質的責任者で帰国中のウィリアム・ブリット米駐仏大使との前日の会談内容を報告している。ドイツとヒトラーに敵意むき出しのブリットは、デモクラシー諸国の願いはドイツとソ連が戦争することであり、ドイツが疲弊したあと、デモクラシー諸国がドイツを攻撃し降伏に追い込むと述べ、米国も参戦するのかというポトツキの問いに、「もちろんそうだ。ただし、まず英仏が動いてから」と答えている（*Polnische Dokumente zur Vorgeschichte des Krieges*）。

ルーズベルト大統領自身、1939年1月31日の上院軍事委員会メンバーとの「秘密」会合で、出席者を驚かせる発言を行う。3年前に日独伊が世界征服政策を策定したというほぼ確定的な（pretty definite）情報を得たとして、この挑戦に対する二つの可能性を指摘する。第一に誰かがヒトラーを殺害するか、ドイツが内部崩壊すること、第二に平和的方法で世界征服を阻止することである。

そして、米国の第一防衛線（first line of defense）は、北欧四カ国、バルト三国、オランダ、ベルギー、ハンガリー、チェコスロバキア、ポーランド、ルーマニア、ブルガリア、ギリシャ、ユーゴスラビア、トルコ、ペルシャ、フランスそして英国だと明言した。この発言はただちに、おそらくルーズベルトの意図どおり、リークされた。翌2月1日に「米国の国境はライン川（フランス）」と発言したと報道され、センセーションを巻き起こし、ルーズベルトは2月3日に「でっち上げ」だと否定した。

1939年2月に任地パリに戻ったブリット大使は、ポーランドのユリウシュ・ウカシェヴィチ駐仏大使に、報道された「ライン川」発言は虚偽だとしつつ、大統領がフランスに武器を供与し、フランス軍を米国の防衛線とみなすと言ったことは確かだと述べた。さらにブリットは、英国がフランスの利益を犠牲にして、ドイツとの協調を進める恐れがあるとしたうえで、米国がフランスを支えること、英国に対して持つ様々な圧力材料を用いて英独協調を阻止することを明言した。

ルーズベルトはチャーチルを中心とする対独強硬派と連携して、英国とドイツの対立を抜き差しならないものにしようとしていた。そして、米国内では、欧州への介入に慎重な孤立主義者を親ナチ、親ヒトラーとして中傷するキャンペーンが繰り広げられる。

世界革命への独裁体制を確立したスターリン

一方、スターリンは、数百万人の意図的な餓死を伴った農業集団化、第一次・第二次5カ年計画による軍備増強、そして、ジノヴィエフら革命古参幹部やトハチェフスキーら軍首脳のみならず、政府・党・軍の幹部から一般民衆に至るまで1937、38年の2年間で70万人を処刑した大粛清によって、世界革命に向けた絶対的な独裁体制を確立する。

黒宮広昭インディアナ大教授の言を借りれば、「ヒトラーと違って、スターリンは彼と信念を同じくし旧体制の遺産から自由かつ政治的に忠誠で専門的能力のある新しいソ連エリートを作り出した」（Kuromiya, *Stalin*）。黒宮教授やロシアのオレーク・フレヴニュークHSE教授が指摘するように、スターリンは大粛清によって、来たるべき戦争を前に社会の「第五列」を前もって根絶しようとしたのである（Kuromiya, *Jahrbücher für Geschichte Osteuropas* 53巻1号及びKhlevniuk, Cooper他編*Soviet history, 1917-45*所収）。「大粛清は戦争準備のための先制攻撃（pre-emptive strike）であった」（Kuromiya, *Stalin*）。

大粛清と時を同じくして、ソ連では臨戦態勢が整えられていく。1937年11月の赤軍増強計画によれば、1938年1月1日の平時定員160万人、動員時計画650万人（うち極東141万人）とされ、1938年3月には対欧州及び対極東二正面作戦計画が立てられた（*1941 год* 2巻）。イデオロギー面でも大戦争に向けた準備が行われる。

1938年10月1日、世界中の共産主義者の「バイブル」となった『共産党小史』に関するプロパガンダ担当者会議が開かれる。ドイツによるズデーテン併合をめぐり国際情勢が緊迫するなか、この会議に長時間出席したスターリンは大演説を行い、自らの戦争観を赤裸々に語った（*Вопросы Истории* 2003年4号）。

戦争の問題に関するボルシェビキの目的、全く微妙なところ、ニュアンスを説明する必要がある。それは、ボルシェビキは単に平和に恋焦がれ、攻撃されたときだけ武器を取る平和主義者ではないことだ。それは全く正しくない。ボルシェビキ自らが先に攻撃する場合がある。戦争が正義であり、状況が適切であり、条件が好都合であれば、自ら攻撃を開始するのだ。ボルシェビキは攻撃に反対しているわけでは全然ないし、全ての戦争に反対してもいない。今日、我々が防御を盛んに言い立てるのは、それはベールだよベール。すべての国家が仮面をかぶっている。「狼の間で生きるときは狼のように吠えねばならぬ」［速記録にはここで聴衆は笑ったとある］。我々の本心を全て洗いざらい打ち明けて、手の内を明かすとしたら、それは愚かなことだ。そんなことをすれば間抜けだといわれる。

米ソの強固な戦争意志を前に、チェンバレンが主導する英仏独伊による欧州宥和は、風前の灯であった。

反ヒトラー派の悲劇的愚かさ

スターリンが大粛清によって絶対的支配体制を確立したのに対し、ヒトラーは伝統的支配層の影響力を削ぎつつ、決定的対立を避ける道を選んだ。そのため、とりわけ軍上層部には潜在的な反ヒトラー勢力が残ることとなった。

徴兵制導入や軍拡など、利害が一致する間は表面化しなかったものの、プロイセン・エリートがそれほど重要性を認めていなかったズデーテン地方をヒトラーが武力を用いてまで併合しようとしたことで、英仏との武力衝突必至とみたフランツ・ハルダー参謀総長と前参謀総長ルートヴィヒ・ベックらがヒトラー排除のクーデターを目論む。

しかし、彼らにはヒトラーを排除してどのようなドイツを目指すのか具体的構想が欠けていた。ワイマール共和国体制の下、大衆社会化が進み、国民の平等意識が高まるなか、ヒトラーは自由な選挙で4割近い得票率を得て政権を獲得し、その後も国民に広く支持されてきた。革命家ヒトラーは、議会制デモクラシーの息の根を止めたけれども、全ドイツ人に開かれた国家を目指し、さらなる社会の平等化を進めていた。

一方、共和国に否定的であった伝統保守中心の反ヒトラー勢力は、帝政時代の階層的発想から一歩も出ていなかった。実際、彼らの多くは帝政復活を目指していた。そして、最後に頼ったのが英国、しかもその対独強硬派であった。

結局、ズデーテン割譲をめぐって英仏がヒトラーの要求をのみ、「平和的」併合が実現したことから、クーデターは未遂に終わった。英仏との衝突必至とした軍上層部の読みは外れ、またもヒトラーは賭けに勝ち、武力を用いず失地回復を成し遂げたことで、その威信はさらに高まる。ただし、反ヒトラー運動はこの後も続き、1944年7月20日の暗殺未遂事件に至るのである。

悲劇的なことに、反ヒトラー勢力は、彼らが連携しようとした英国対独強硬派がどういうものなのかまるで理解していなかった。英独関係が悪化するなかで主導権を握った英国対独強硬派は反ヒトラーというより、反ドイツであったのだ。

反ヒトラー運動の中心人物で、1944年のヒトラー暗殺計画に関与し処刑されたウルリッヒ・フォン・ハッセルは、1940年2月に英国側に提出した文書で、講和の条件として、オーストリアとズデーテン地方はドイツ領のままとし、ポーランドとの国境は第一次大戦前に戻すことを挙げていた（Hassell, *Vom andern Deutschland*）。一方、英国の対独強硬派は、ヒトラーのみならずドイツ伝統保守の悲願でもあった、こうした大ドイツの存在を全面的に否定していたのである。

ダンチヒ高等弁務官のスイス人カール・ブルクハルトは、権謀術数外交を繰り広げるイタリアのベルナルド・アットリコ駐独大使が、反ヒトラー勢力は慎重さに欠け、軽率であり、ドイツ人というのは全く謀略者（Verschwörer）の資質を持っていないとしたうえで、反ヒトラー勢力の愚かさを批判したことを書き残している。

アットリコは、典型例として、ハッセルは常にすべてを英国側に話し、場合によっては皇帝復位も含め、帝政時代のような保守的政治体制を確立すれば、共通の「紳士概念」（Gentleman-Begriff）に基づき、英国が好意を持って対処してくれると考えていると指摘して、こう述べる。「すべて士官学校生徒の想像なみのバカらしさだ」（Burckhardt, *Mein Danziger Mission 1937-1939*）。

「我々が望むのは、ドイツ経済を完全に破壊することである」

対独強硬派中心人物のひとり、前外務次官で首席外交顧問となっていたヴァンシタートは、ウェルズ米国務次官訪欧に際し、１９４０年3月にその徹底した反独姿勢を以下のように記している。

我々はドイツ人の本性（character of the German people）と戦っているのである。……まさに徹底的に戦争と和平において勝利することによって変えることを始めない限り、ドイツと暗黒が支配するだろう近い将来、《the Nature of the Beast》は我々を間違いなく滅ぼすであろう。今回は実に最後のチャンスなのだ。……

ひとつだけ確かなことがある。ドイツ人の本性、ドイツ軍国主義、そのうえに接ぎ木されたナチズムという条件の下、信頼によってのみ成り立ち得る軍縮は、こうした要素が取り除かれない限り、安心して始めることはできない。これらは、連合国の完全な勝利によってのみ除去することができるのだ。

さらに批判の矢は、早期の和平可能性を探るために訪欧したと考えられていたウェルズと、特使として送り込んだルーズベルト大統領の「素人ぶり」（amateurishness）にも向けられる。

米国人の頭にいま漠然と生じている考えはデモクラシーにとって壊滅的であり、《the Nature of the Beast》に対する完全な無知に基づいている。我々の安全のため、まさに我々の存在そのもののため、こうした考えが断固として否定されることを私は望んでいる。

ヒトラー同様、大ドイツの実現を目指すドイツの反ヒトラー勢力は、英国側からヒトラーと同じ穴のムジナとみなされていたのである。大ドイツ構想を決して許さず、ヒトラーというよりドイツそのものを叩き潰そうとする英国の対独強硬派にとって、ヒトラー政権を内部から弱体化させる反ヒトラー勢力は、愚かなしかし役に立つ捨て駒であった。ドイツの反ヒトラー勢力と異なり、英国に亡命していたブリューニング元首相は、この英国支配層の一部に存在する根源的な反ドイツ的性格をよく理解していた。英独間の武力衝突がドイツの破滅につながることを理解していたブリューニングは、戦争回避のために尽力したけれども、チャーチルをはじめ反独派の要人との接触を通じて、その絶望を1938年9月に、こう表現している（Brüning, *Briefe und Gespräche 1934-1945*）。

ヒトラーが完全に成功を収めれば、私は追放の身のまま死なねばならない。しかし、衰弱し引き裂かれた祖国に生きて戻るよりはましである。

チャーチルは1938年8月にブリューニングに対して、「我々が望むのは、ドイツ経済を完全に破壊することである」と述べていた。ブリューニングは1939年3月、英海軍とチャーチルを中心とするグループがどんな対価を払ってでも戦争を進めようとするのを防ぐことはできないと知ったと記している。

第二次大戦直後、ニュルンベルク裁判にあたり意見聴取されたブリューニングは、「私はニュルンベルク裁判に全く同意しない」として、一方的にドイツのみを断罪する連合国を批判する。ブリューニングは戦後、西ドイツに戻ったものの、再度、祖国を離れ、米国で没した。

仮に反ヒトラー勢力がヒトラー排除に成功し、伝統保守勢力が主導権を握る政権が成立したとしても、大ドイツ構想を捨てない限り、対英米戦争は避けられず、ドイツの全面的敗北という結果は同じだったかもしれない。ワイマール共和国の首相たち、シュトレーゼマンであれ、ブリューニングであれ、シュライヒャーであれ、やはり同じことが言える。彼らはみな大ドイツの実現を目指していたのだから。ただし、世論を無視することができない英米仏の指導者にとって、国民の反ドイツ感情を醸成するうえで、こうした保守エリートと異なり、ヒトラーはより好都合なターゲットであったともいえる。

ソ連崩壊でドイツ再統一が実現したあと、ドイツが再び欧州政治の主役となることを憂慮したヘンリー・キッシンジャーはこう述べている。「結局のところ、二度の世界大戦はドイツの支配的地位を阻むために行われた」と（*Welt* 日曜版1994年11月13日付）。

第七章

ドイツから英国に乗り換えたポーランド

ポーランドのかたくなな態度で進まないダンチヒ返還

ヒトラーは、ミュンヘン会談における英独首脳共同声明で、熱望していた英国との協調が明文化されたことに、大いに満足していた。しかし、それはすぐに失望に変わる。チェンバレンは帰国直後に開かれた議会審議で、ズデーテン割譲に関し英仏独伊が合意したミュンヘン協定の承認と合わせて、それまでに例を見ない軍備増強を提案する。ミュンヘン協定は承認されたものの、無役の下院議員チャーチルは10月5日に行った議会演説で、ドイツに対する敵意をむき出しにし、チェンバレンの対独宥和を徹底的に批判した。

ヒトラーは10月9日の演説で、合わせて1000万人のドイツ人が住むオーストリアとズデーテン地方が、民族自決原則によりドイツに併合されたことの成果を強調する。ミュンヘン会談での合意に尽力したムッソリーニの名前を挙げて感謝の意を表すとともに、英仏首脳に対しても「二人の別の政治家」という表現で、平和への道を切り開いたとして賞賛した。

しかし、二人の首脳が平和を願っても、これらの国では平和を望まない別の政治家にとって代わられる可能性があるとして、英国の対独強硬派、ミュンヘン協定に反対して海相を辞任したばかりのダフ・クーパー、前外相のイーデン、チャーチルの実名を挙げて批判する。「我々は、彼らの目的が新たな世界大戦を始めることだと知っている。彼らはあからさまにそう主張することに躊躇しない」（Domarus, *Hitler*）。

ヒトラーは、チェンバレンが英独首脳声明にもかかわらず、ドイツを念頭に置いた軍備増強に乗り出したことに失望したのみならず、英仏で政権交代が起こり、対独強硬派が主導権を握ることで、再度、ドイツ包囲網が構築されることを恐れていた。ズデーテン地方を失ったとはいえ、チェコスロバキアは対独攻撃の前線基地となる可能性があり、実際、ミュンヘン会談前にフランスの対独強硬派のひとり、前空相ピエール・コットはそうすべきと主張していたのである（*News Chronicle*, 1938年7月14日号）。

コットは、ドイツと軍事的に対抗するうえでチェコスロバキアは「奥の手」（best card）であり、フランスとチェコスロバキアが連携してドイツを空爆することまで提案している。さらにソ連との連携を強調し、「我々はチェコスロバキアとソ連という二枚の切り札（trumps）を持つべきである」と述べていた。あからさまなドイツへの恫喝である。なお、冷戦後に米国で公開された「ヴェノナ文書」で、コットはソ連エージェントであったことが明らかになっている。

一方、対ポーランド宥和外交を進めるヒトラーは、ポーランドによるチェコスロバキア

図6　ダンチヒ・ポーランド回廊

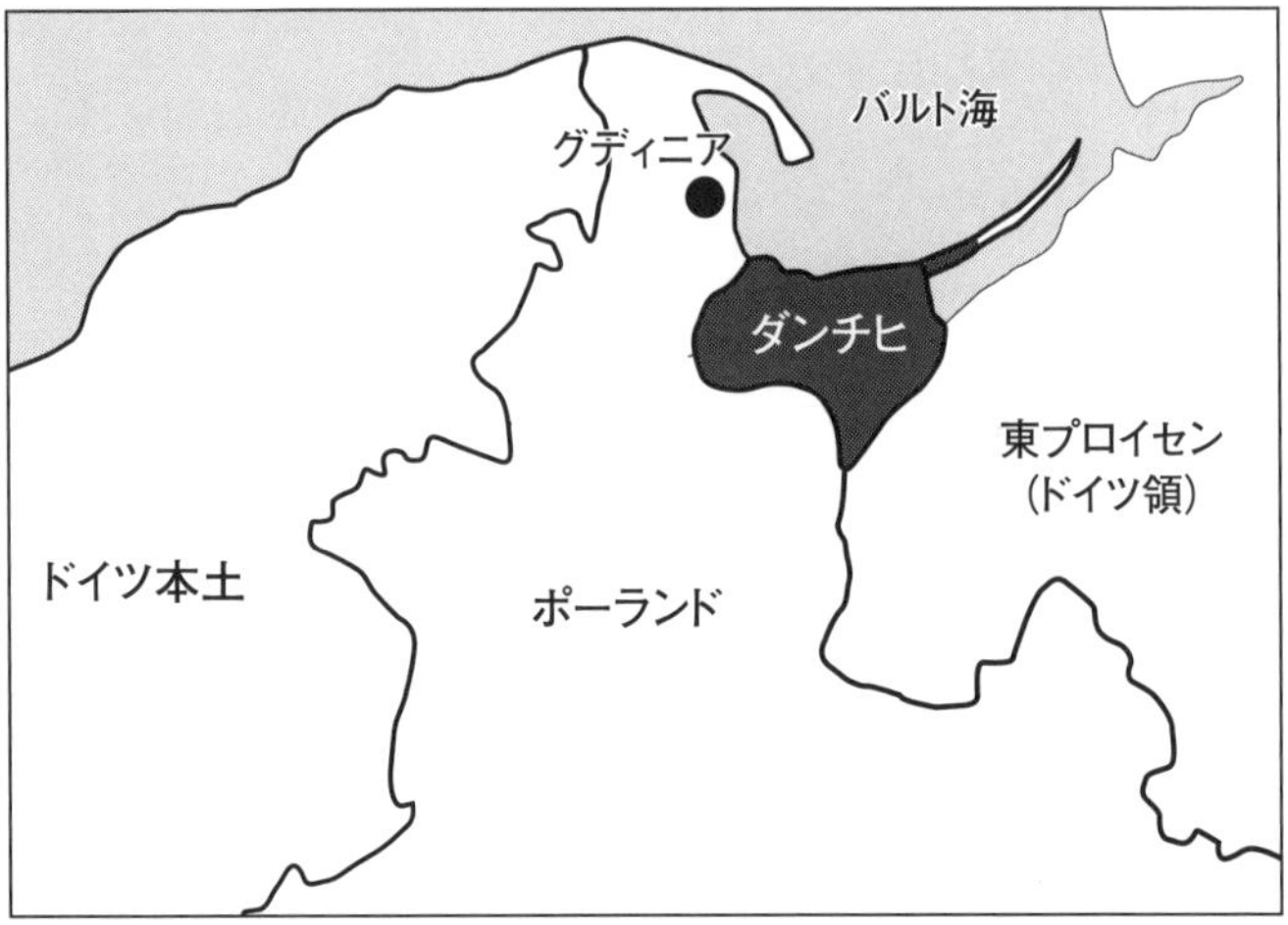

領土の併合を認め、当然ながら、その見返りを求めた。10月24日、リッベントロップ外相はポーランドのユゼフ・リプスキ駐独大使に、ダンチヒの国境確定に関して正式な提案を行う。

主な内容は以下の5点であった。ダンチヒのドイツへの返還、ただし返還後もポーランドの経済権益を認める。ドイツ本土と本土から離れた東プロイセンを結ぶ自動車道路と鉄道路線をポーランド領（回廊）内に建設し、ドイツ主権下で管理。不可侵条約の25年間延長。日独伊防共協定への参加。そして、両国の国境を現状のままで確定。

ワイマール共和国時代の歴代政権が決して認めなかった、第一次大戦後の国境を認めるという、ポーランドに大幅に譲歩した提案であった。さらに同時期、ヒトラーはポーランドとの協調を優先し、国民の反ポーランド感情の大きな理由であった、ポーランドに住むドイツ系住民の差別的取扱いに関しても、ポーランドに不利な行動を控えるよう指示していた。一方、名門出身のエリート外交官ハンス＝アドルフ・フォン・モルトケ駐ポーランド大使は、こうした方針を批判する見解を外務省に伝達している。

ヒトラーの期待に反し、リプスキが11月19日にベック外相の回答としてリッベントロップに伝えた内容は、ドイツ側を失望させるものであった。すでに近くのバルト海に面したポーランド領グディニアの開発が進み、ダンチヒはポーランドにとって経済的価値が低下していたにもかかわらず、「象徴的意味」（symbolische Bedeutung）がある、つまり返還は政治的に困難として、議論は平行線となる。

ヒトラーは11月24日、ヴァルター・フォン・ブラウヒッチュ陸軍総司令官に、政治的好機にダンチヒを奇襲的に占領する準備を指示する。ただし、ポーランドとの戦争は行わないとした。しかし、チェコスロバキアからの領土割譲を実現し、ドイツの助力を必要としなくなったポーランドは、ダンチヒを返還するつもりはなく、英米に乗り換えてドイツに敵対する政策を進めていく。むしろ、英国の対独強硬派と米国がポーランドをけしかけ、最終的に見捨てたといってもよい。

それでもポーランドとの連携をあきらめなかったヒトラー

ダンチヒ返還が暗礁に乗り上げるなか、リッベントロップは、1938年12月6日にパリで、フランスのボネ外相との間で共同声明に調印する。その内容は、ミュンヘン会談の際の英独首脳共同宣言と同様、欧州での連携と平和維持における両国協調の重要性を確認するとともに、第三国に関する問題についても協議のうえ進めることを決意し、さらに両国間に領土問題は存在しないとして、あらためてアルザス・ロレーヌ地方の帰属が解決済みであることが確認された。

この共同声明に関しては、のちに独仏間に致命的な「誤解」があったことが明らかになる。リッベントロップは、公表された条文とは別に、会談でボネ仏外相が東欧におけるドイツのフリーハンドを認めたと主張し、ボネは否定した。

通説ではリッベントロップの勝手な思い込みあるいは虚言とされているけれども、必ずしもそうとは言い切れない。前月の水晶の夜事件以来、反独感情が広がるなか、フランスがあえて共同声明に応じた背景には、仏伊間の対立でドイツの助力を必要としていたことがあった。レオン・ノエル仏駐ポーランド大使は、ボネ外相がポーランドやソ連との条約を解消し、フランスと東側諸国との関係破棄（rupture de tous nos liens avec les États de l'est）を主張していたと記している（Noël, *L'agression allemande contre la Pologne*）。

フリーハンドを得たというリッベントロップの理解が正しかったか否かにかかわらず、この理解に基づき、ドイツは「残存チェコ」（Rest-Tschehei）すなわちズデーテンを除くチェコ併合に向けて動き出す。ただし、ドイツが積極的にチェコスロバキアの解体を仕掛けたというより、内部から崩壊していったのである。

チェコ人主導の政治体制の下、民族自決を果たしたドイツ人とハンガリー人に続き、カルパト・ウクライナ人のみならず、共同支配民族であるはずのスロバキア人の間でも自治への要求が先鋭化する。こうしたなか、11月29日に大統領に就任したエミル・ハーハは、ベネシュと異なり対独関係改善を望んでいた。しかし、ハーハはあくまでもチェコ主導の政治体制を堅持しようとする。

一方、ヒトラーはポーランドとの協調に望みをつないでいた。1939年1月5日、ポーランドのベック外相がドイツを訪れ、ヒトラーと会談する。ヒトラーは、対ソ対抗上、強いポーランド軍はドイツにとって大いに助かる存在であり、カルパチア以東に関心はなく、ウクライナで他国が何をしようとかまわないし、地中海にも関心はなく、常にムッソリーニを支持すると述べた。

メーメル問題についてはリトアニアとの合意に基づく解決の見通しがあるとしたうえで、ポーランドとの間ではダンチヒとポーランド回廊という困難な問題を解決せねばならないと主張した。ただし、ダンチヒに関して既成事実を作り出すことはせず、ドイツに返還されても、ポーランドの経済権益は守られ、政治的にはドイツ、経済的にはポーランドに属することになると述べた。

ヒトラーは、かつてドイツ領だったポーランド回廊に関して、その領有権を放棄して、現在の国境をそのまま認めることは困難であり、国内に反対があるけれども、現実政治家として最善だと考えていると強調した。さらにユダヤ人問題に関して、国外へ追放することを決めており、英仏の同意を得て獲得したアフリカの植民地を移住先にすることも考えており、ドイツだけでなくポーランドのユダヤ人も対象にすればよいと述べた。

ベック外相は、ダンチヒ問題は極めて難しく、とくに世論に配慮せねばならないと述べ、返還には応じない姿勢を崩さなかった。また、「ウクライナ」はポーランドの言葉であり、ポーランドの東からドニエプル川までの地域をそう呼んでいると述べ、ソ連領ウクライナへの野心をほのめかした。

このあと、ベックはリッベントロップと会談し、ダンチヒに関する国民のこだわりを変えるのは極めて困難と繰り返す。一方、ポーランドのウクライナへの野心はより率直に表明された。リッベントロップが、ウクライナ問題はポーランドの特権事項（Privilegium）であり、ドイツはその行動を支持すると述べ、今もポーランドはウクライナへの野望（Aspiration）は捨てていないのかと問うたのに対し、ベックは「こうした野望は疑いなく今日も存在している」と述べた。

ヒトラーはこの会談の後も、ポーランドとの連携をあきらめず、１９３９年1月16日にハンガリーのイシュトヴァン・サーキー外相と会談した際も、ポーランド、ハンガリーとドイツは「サッカーチームのように」（wie ein Fußballmannschaft）協力しなければならないと語っている。

1月26日にリッベントロップがワルシャワを訪問した際も、ベック外相は国内の抵抗を理由に、ダンチヒ返還に難色を示す。表向きは明確に拒絶しなかったものの、はなから返還するつもりはなく、英国を味方につけるまで時間稼ぎしていたことがすぐに明らかになる。

ついに国際政治の表舞台に登場したスターリン

そして、世界革命の準備が整ったスターリンがついに国際政治の表舞台に登場する。1939年3月10日に行われた第18回共産党大会におけるスターリンの報告演説は、大粛清で完全な独裁体制を確立した自らの勝利宣言であり、戦争準備完了宣言であった(McNeal, *I. V. Stalin Works*)。

戦争が起こった場合、わが軍の後方も前線も、その同一性と内的団結によって、他のどの国よりも強固である。国外で戦争を好むものは、そのことを覚えておくがよい。

国際関係に関しては次のように述べる。

慎重を旨とせよ、そして、他人に火中の栗を拾わせることを常とする戦争挑発者が、我が国を紛争に引っ張り込むことを許してはならない。

いうまでもなく、「戦争挑発者」とはドイツではなく英米仏のことである。具体例としてスターリンは、英米仏のメディアが、ドイツがカルパト・ウクライナに侵攻すると騒ぎ立て、独ソ関係を悪化させようとしていると批判する。

人民戦線路線に基づくデモクラシー諸国における自由主義者や社会民主主義者との協調路線から、再度、すべての資本主義国を敵視する政策への転換を明らかにしたこの演説は、ドイツとも取引を行うというサインでもあった。実際、後述するとおり、カルパト・ウクライナをめぐり、ヒトラーはスターリン演説に呼応するかのように行動する。

チェコとメーメル地方併合

1939年2月のスロバキアとカルパト・ウクライナの地方選挙で独立志向勢力が圧倒的多数を占めたことを受けて、スロバキアではヨゼフ・ティソを首班とする自治政府が、カルパト・ウクライナではアヴグスティン・ヴォロシンを首班とする自治政府が誕生する。このままでは国家崩壊必至とみたハーハは、3月6日にカルパト・ウクライナ、3月10日にスロバキアに軍を投入して、両自治政府を弾圧する。

チェコスロバキア崩壊間近とみて、ヒトラーは3月12日、カイテルOKW総長に3月15日にチェコに進駐するよう命じる。ハンガリーとポーランドも、自らの分け前を確保すべく、軍を国境に動かす。

3月13日、スロバキア自治政府首相ティソが訪独し、ヒトラーと会談する。ヒトラーは、チェコと違いスロバキアはドイツ（オーストリア）に属したことがないこと、カルパチア以東に関心がないことを明言し、スロバキアの独立を促した。ティソは即答せず、一旦、スロバキアに戻り、議会での独立提案に全員が賛成したのを受け、3月16日にスロバキア国家の保護をヒトラーに電信で要請、同日、ヒトラーはスロバキアの保護を受け入れると返答した。3月23日にスロバキア保護条約が成立する。

スロバキア人がチェコ人主体の政治に大きな不満を持ち、独立を目指していたことは、冷戦後、ソ連の圧力から解放されるとチェコとスロバキアにすぐに分離したことからもわかるとおり、ヒトラー云々以前の問題であった。チェコスロバキアという人造国家には、持続可能な国家としての正統性が欠けていたのである。ただし、それはチェコ人の国民国家を否定するものではない。なお、第二次大戦後、ティソはチェコスロバキアの反逆者として処刑されたけれども、ソ連崩壊後のスロバキア分離独立に伴い、スロバキア国内でその再評価が進んでいる。

スロバキア同様、カルパト・ウクライナもドイツの保護の下に独立を達成しようとする。

しかし、ヒトラーは要請を受け入れず、かつての宗主国ながら異民族のハンガリーが占領し、カルパト・ウクライナ人の民族自決は否定された。

カルパト・ウクライナに対するヒトラーのつれない対応は、ヒトラーが当初からウクライナ征服を狙っていたとする通説とつじつまが合わない。もし、ヒトラーがウクライナをドイツの生存圏と考えていたのであれば、カルパト・ウクライナが独立し、ドイツの保護下に入ることは、将来のウクライナ征服の橋頭堡を確保する絶好の機会であった。ところが、ヒトラーはあっさりとハンガリーの手に委ねたのである。ハンガリーが併合したことで、ポーランドが望んでいたハンガリーと国境を接することも実現した。

3月14日、もはや「残存チェコ」だけの大統領となったハーハは、チェコ人国家の生き残りをかけて訪独、ヒトラーとの会談に臨む。心臓が悪いハーハは娘に付き添われ、飛行機ではなく鉄道でベルリンに向かった。会談は日付が変わった3月15日の深夜に始まった。

オーストリア＝ハンガリー帝国の裁判官出身で、当然ながらドイツ語に堪能なハーハは、ドイツとの友好を強調し、スロバキアとは言語が近いだけで歴史的に関係は薄く、分離独立してよかったと述べ、「残存チェコ」の独立維持を訴える。

しかし、ヒトラーは、チェコスロバキアのこれまでの反独政策を批判し、ベネシュ退陣後もその影響が残り、人口とは不釣り合いな規模の軍隊維持がその証拠とし、さきの日曜日（3月12日）に「賽は投げられた」つまりチェコ領土へのドイツ軍進駐と併合を決断したと述べた。ヒトラーは午前6時に進軍が始まることを伝えるとともに、併合しても旧帝国時代より広範な自治を与え、非チェコ化（Entnationalisierung）は行わないことを約束し、これが最後のチャンスだとしてハーハに決断を求めた。

ハーハに選択の余地はなく、ヒトラーの提案を受諾、ドイツ軍は平和裏に進駐した。ヒトラーは3月16日に併合を宣言、「残存チェコ」は消滅し、ベーメン・メーレン保護領となった。こうして、チェコスロバキアは完全に解体された。保護領総督にはノイラート前外相が任命された。ハーハはそのまま保護領行政トップの職にとどまり、ドイツ敗戦後ソ連軍に拘束され、病死した。

一方、第一次大戦後、国際管理下に置かれることになったにもかかわらず、リトアニアに併合されたメーメル地方についても、ドイツは返還を実現する。プロイセンの一部だったメーメルの住民はドイツ人のみならず、「小リトアニア人」と呼ばれるリトアニア系住民もドイツへの帰属を望み、１９３８年12月の選挙ではドイツ帰属派が9割近い得票で圧勝した。さらに、リトアニアは首都ヴィリニュスをポーランドに占領されたうえ、その公

図7　第二次大戦直前（1939年8月）

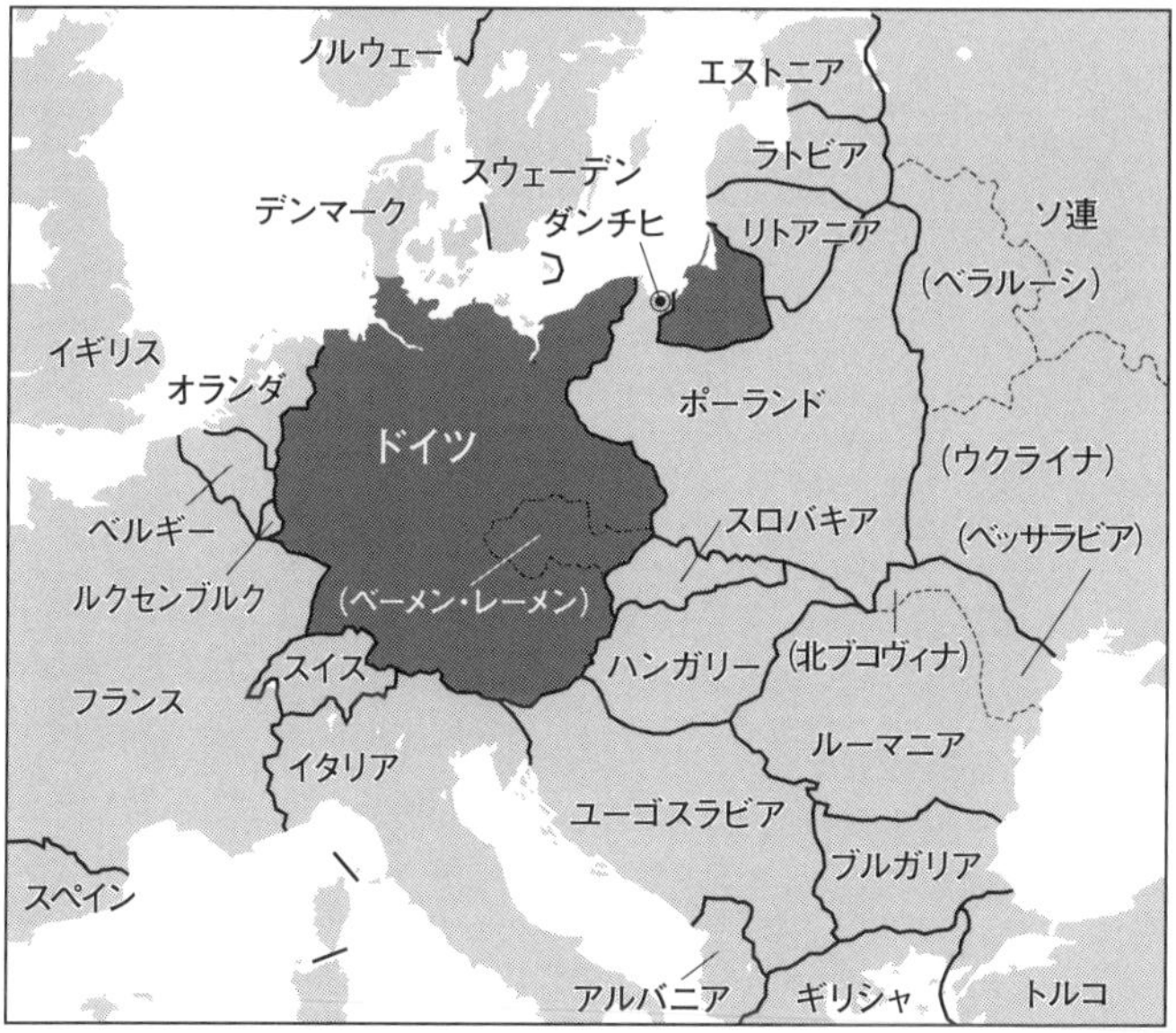

式承認を強いられるなど、ポーランドに圧迫されており、ドイツとの対立は望むところではなかった。

ドイツ軍がチェコに進駐した1939年3月15日、ドイツ帰属派は議会で民族自決に基づくドイツへの返還を求めた。これを受け、1939年3月20日、リッベントロップ外相はリトアニアのユオザス・ウルブシス外相と会談し、メーメル返還を要求、3月22日にリトアニア代表団が訪独し、不可侵条項を含むメーメル返還条約が結ばれた。メーメルにはリトアニアのために自由港地域が設けられ、その経済権益が保障された。ヘンダーソン英駐独大使も「かなり妥当な条件」と記している（Henderson, *Failure of a mission*）。

3月23日、ヒトラーは海路でメーメルに入り、凱旋した。もともと第一次大戦後、連合国の意に反してリトアニアが強引に併合していた経緯もあり、5月15日、英国はドイツに、メーメル返還を法的に（de jure）承認したことを通知した（Pileg, *Das Memelland 1920-39*）。

ヒトラーの誤算、英国の宥和政策の終わり

チェコ併合によって、ヒトラーの予想に反し、英独関係は急激に悪化する。旧オーストリア＝ハンガリー帝国出身のヒトラーにとって、オーストリア直轄領だったベーメン・メーレンすなわちチェコは、19世紀のフランクフルト国民議会がそうであったように、大ドイツの一部という認識があった。ヒトラーと同世代で第一次大戦にオーストリア軍将校として従軍したユダヤ人経済学者ルートヴィヒ・フォン・ミーゼスは、大戦直後の1919年に、「『ナショナル』に特徴的なものとは言語に存する」（Das spezifisch"Nationale"liegt in der Sprache）として、解体される前のオーストリア＝ハンガリー帝国における非ドイツ人とくにエリートたちの言語を核とするドイツ的なものへの同化を指摘している（Mises, *Nation,*

Staat und Wirtschaft）。チェコ人も例外ではない。第一次大戦中の首相オトカール・チェルニンはチェコ人であった。交響詩『我が祖国』で知られるチェコの国民的作曲家ベドルジハ・スメタナはドイツ語のネイティブスピーカーであり、チェコ語は大人になってから学んでいる。

ヒトラーは、東欧がドイツの勢力圏であることを英仏が了解しているという認識の下、チェコ併合を容認すると踏んでいた。しかし、英国やフランスの国民にとって、これまでの併合が手段はともかく、民族自決の実現として容認できる余地があったのに対し、ズデーテン地方以外のチェコを併合することは、正当化できない明白な侵略と映った。ただし、カルパト・ウクライナを武力で併合したハンガリーへの批判はほとんど存在しなかった。今も昔も大国の「良心」とはそういうものなのであろう。

チェコ併合は、英国政府にとって予想しない急な展開であり、初めからミュンヘン協定を守るつもりがなかったヒトラーの侵略意図が明白になった事件とされているけれども、事実は異なる。

英外交官フランク・アシュトン＝グオートキンは、リッベントロップとの2月20日の会談後、ドイツ側から、チェコへの支配を強め、プラハ在住のドイツ人（German Resident in

Prague）が政策を主導することになると伝えられ、本国政府に報告している。3月13日、英外務省はこの情報に言及しながら、来たるべきドイツのチェコ保護領化に関して、英国に「当事者としての資格」（locus standi）はなく静観するという報告をまとめている。ドイツのチェコ併合は英国にとって、ある意味、予定通りの展開だったのだ。

チェンバレン首相自身、ドイツ軍がチェコに進駐した3月15日の議会で、ドイツがミュンヘン協定に違反していないことを認め、黙認することを示唆していた。具体的には、チェコスロバキアの領土保障は確定しておらず、これまで英国は確定合意に向け努力してきたけれども、スロバキア独立による「内部分裂」（internal disruption）で事態は根本的に変化し、英国はもはや領土保障確定の義務を負わないことを明言した。

ただし、チェンバレンは、ドイツのやり方はミュンヘン協定の「精神」（spirit）に沿ったものとは言えないと付け加えている。チェンバレンは、チェコ併合自体よりも、ドイツが事前の相談なしに行動し、英独首脳共同声明で確認した英独協調の精神を守らなかったことを問題視したのである。

しかし、対独強硬派の批判と世論の反発を受け、政治的に持ちこたえられないと判断したチェンバレンは、すぐに前言を翻す。3月17日、バーミンガムでの演説で、チェコ併合を激しく批判、ドイツとの対決姿勢を前面に打ち出す。

さらに同日、ルーマニアのヴィオレル・ティレア駐英公使がハリファックス外相に緊急の面会を求め、ドイツがルーマニアに最後通牒を突き付け、戦争の危機が迫っていると訴えた。ティレアの主張が事実として世界中に報道され、対独批判の大合唱となるなか、3月20日、英国はフランス、ソ連及びポーランドに、一致して欧州平和を守ることを明確にする共同声明を出すことを提案する。

ところが、ティレアの話は全くの捏造だったのである。なぜそのようなことをしたのか、本人は沈黙したまま亡くなったけれども、チャーチルの秘書から国会議員となったロバート・ブースビーが熱烈なシオニストとして知られたブランシェ・ダグデールに自らの関与を認め、歴史を作り、祖国に多大な貢献をしたと自賛している（*Baffy: The Diaries of Blanche Dugdale 1936-1947*）。

一方、英国や共同歩調をとるフランスの対応とは対照的に、ソ連のリトヴィノフ外相は、ドイツのチェコ併合に対して、3月19日にかたちだけの抗議声明を出しただけで、ドイツのフリードリヒ・フォン・デア・シューレンブルク駐ソ大使との会談では、カルパト・ウクライナがドイツではなくハンガリーに併合されたことへの安堵を隠さなかった。ソ連はこの後、英仏とドイツを天秤にかけて、よりよい条件を引き出すべく、両者と交渉に入っていく。

チェンバレンが対独強硬外交に転換したことは、ポーランドにとっては願ってもない状況の変化であった。リプスキ駐独大使とリッベントロップ独外相の3月21日の会談が従前どおり物別れに終わったあと、3月23日にポーランドは部分動員を行う。

3月25日、ポーランドが完全に英国に乗り換えたことを知らないヒトラーは、ブラウヒッチュ陸軍総司令官に、ダンチヒ問題の武力的解決を望まないとしつつ、ポーランド政府が国内世論を抑えられず表向き返還に同意できないことをリプスキ大使がにおわせた場合のみ、既成事実を作ってしまうことで、ポーランド政府の負担を軽くするとした。

3月26日、ポーランド軍が部分動員を行うのみならず、ダンチヒ周辺に部隊を集結させるなかで行われた、リプスキとリッベントロップの会談は、当然ながら物別れに終わる。両国の交渉は事実上、これが最後となった。

英国を翻弄するポーランド

3月24日、ソ連を嫌うポーランドは、英国に二国間の協定を提案し、3月31日、チェンバレンは議会において、ポーランドが独立を脅かされる事態となり、軍事的に抵抗する必要があるとみなした場合、英国は全力で支援（all support in their power）すると宣言し、フランスも同意していることを伝えた。

さらに、条約交渉のために訪英したポーランドのベック外相は、ポーランドの大国意識を反映し、英国がポーランドの安全を一方的に保障するのではなく、両国が互いの安全を保障し合うことを強く主張、4月6日、両国はいずれかの独立に対する直接あるいは間接の脅威が生じた場合、相互に支援することに合意した。

こうして、これまで他国防衛のための軍事的コミットを避けてきた英国が、ポーランドが攻撃を受けた場合はもちろん、脅威を受けたとポーランドが判断すれば、武力介入する義務を負うという、いわゆる「白地小切手」をポーランドに渡すことになった。

しかし、海軍国である英国が、ドイツによるポーランド攻撃を軍事的に支援することは、少なくとも短期的には困難であり、対独戦の一義的責任を負うのはフランスということになる。ところが、英仏の対独基本軍事戦略は経済力での優位を生かした、長期戦を前提としたものであった。英仏軍首脳は、ドイツがポーランドを攻撃した場合、短期的には英仏軍が直接ドイツを攻撃せず、防御的に対処することで一致しており、実際そうなった。英仏のポーランド保障は空手形だったのである。そうとは知らないポーランドは強気一辺倒の対独外交を展開する。

交渉の過程で、ポーランドは1938年10月から何度も、ドイツがポーランドに対してワイマール共和国時代には考えられなかった有利な条件での妥協を正式に提案していたことを隠していた。ただし、英国外交の拙速を憂慮したイタリアのアットリコ駐独大使が4月5日に、ドイツがダンチヒ返還とポーランド回廊内の交通路建設と引き換えにポーランドに配慮した条件で交渉していたことと、チェンバレンによる3月31日の議会での宣言以降、ポーランドの反独姿勢が強まっていることを、英国のジョージ・オグルヴィ＝フォーブス駐独参事官経由でハリファクス外相に伝えていた。英国とポーランドの「同盟」は、お互いに相手を利用しようとする化かし合いであった。

4月23日にオグルヴィ＝フォーブス参事官は、ヒトラーの信頼する個人的スタッフからの情報として、ハリファックス外相に以下の内容を報告する。ヒトラーは、ポーランドのベック外相が訪英した際、ダンチヒに関するドイツの提案内容をハリファックスに伝えたと思っていたと。この報告を受け、ドイツから具体的提案はなく交渉の段階に至っていないと聞かされていたハリファックスは、「それが本当ならば、ベックは誠実ではない（less than frank）し、彼には一言言いたい（disposed to say something）」とコメントしている。

さらに、ドイツ国民に戦争が不人気であることは変わりないけれども、対ポーランドに関しては、オーストリアやチェコの場合より、はるかに国民の支持は強固であることを指摘し、ポーランドのベック外相が英国にドイツの提案を知らせずにロンドンでの交渉に臨み、英国の保障を得たことを指摘しながら、ポーランドを信用することの危険性を訴えた。

たしかに、ヒトラーの提案はそれだけをみれば、ポーランドに大幅に譲ったものであった。しかし、ヒトラーがズデーテン地方以外は要求しないと言いながら、民族自決原則を破りチェコを併合したことで、かりにポーランドがこの提案を受け入れても、これで最終解決とならないと考えたとしてもおかしくない。ポーランドの態度硬化はヒトラーの自業自得でもあった。

英国に寝返ったポーランドの裏切りを前に、ヒトラーは4月3日、ポーランド攻撃準備が9月1日までに整うよう軍に指示する。いわゆる「白」作戦である。ただし、ドイツの対ポーランド基本方針は「混乱の回避」（Störungen zu vermeiden）であり、実際に攻撃するか否かは未定であった。攻撃する場合も、可能なかぎりポーランドを孤立させ、戦争を限定化することに努めるとし、英仏との戦争を避けるべきことが強調された。

ドイツに続き、イタリアも動き出す。ドイツ以上にイタリアが支援していたフランコ軍が4月1日にスペイン内戦終結を宣言すると、すでに2月にフランコ政権を承認していた英仏に続き、米国も承認し、スペインは日独伊防共協定に加盟した。こうしたなか、イタリア軍が4月7日にアルバニアに侵攻、ほとんど抵抗を受けず12日に併合した。

これを受けてチェンバレン首相は4月13日に議会で、ポーランドに対してと同様の内容で、ルーマニアとギリシャに対する保障宣言を行う。ポーランドの場合と異なり、英国による「一方的」保障であった。チェンバレンは、この宣言をギリシャと近い関係にあるとしてトルコにも伝達したこと、フランスも同様の宣言を行うことを付け加えた。

ただし、チェンバレンはイタリアが英国との対立を望んでいないことを知っており、アルバニア侵攻を些末な問題と考えていた。ラブ・バトラー外務政務次官が侵攻の報を受け、首相官邸に急行したところ、チェンバレンは突然の来訪に苛立った様子で、「私はムッソリーニが我々に敵対することを決めたわけではないと確信している」と述べる。それでもバトラーがバルカン諸国への脅威について話そうとすると、チェンバレンは「バカなことを言ってないで、家に帰って床に就きたまえ」と言って、鳥に餌を与え続けた（Butler, *The art of the possible*）。

実際、イタリアはドイツから英国に寝返る機会をうかがっていたのである。

ルーズベルトをコケにしたヒトラー

4月14日、ルーズベルトは、米州機構（ＯＡＳ）事務局の前身である汎米連合での演説で、名指しせずドイツとイタリアを批判した後、ヒトラーとムッソリーニにそれぞれ同内容のメッセージを送った。ルーズベルトは、以下の独立国（independent nations）を攻撃したり領土に侵略したりしないよう、確約することを求めた。そこで挙げられた「国」は、北はフィンランドから南はギリシャまで、東はソ連から西はポルトガルに至るまで全欧州諸国と、トルコ、イラク、アラビア半島（the Arabias）、シリア、パレスチナ、エジプト、イランであった。

このルーズベルトのあからさまな挑発を、ムッソリーニが受け流したのに対し、ヒトラーは4月28日、米国のみならず世界中で放送された大演説で受けて立ったのである。ヒトラーは、この機会をとらえて、ベルサイユ条約の不公正を糾弾し、英国がドイツ包囲網を構築し反独外交に転換したことで、英独海軍協定の根拠は失われたとして、協定破棄を宣言した。

さらに、焦点となっていたダンチヒの国境確定をめぐるポーランドとの対立に関し、ワイマール共和国歴代政権に比べ格段に譲った内容の提案を行っていることを明らかにし、ポーランドがこの提案を拒絶していることを批判、ポーランドとの不可侵条約破棄を宣言した。

そして、ルーズベルトの要請に対しては、第一次大戦後、ドイツが一度も戦争や他国への軍事介入を行っていないのに対し、米国が何度もラテンアメリカ諸国に軍事介入したことなどを指摘し、戦争への不安をドイツに帰することを批判する。

ルーズベルトがアフリカでは「一国」すなわちエチオピアが自由を失ったと述べたのに対しては、ほとんどすべてのアフリカ人が暴力によって自由を奪われており、それは、「メイド・イン・ジャーマニー」ではなく、英仏を中心とする「メイド・バイ・デモクラシー」だと揶揄した。

最後に、ヒトラーはルーズベルトに大きな恥をかかせる。ヒトラーは、ドイツが不可侵の保障を与えるべきとしてルーズベルトが挙げたすべての国に、脅威を感じているのか、ルーズベルトの要請に同意しているのかを確認したところ､返答は一貫して否（durchgehend negative）であり、いくつかは強く否定的（schroff ablehnende）だったと暴露し、シリアなどはそもそもデモクラシー諸国によって軍事的に抑圧され自由を奪われているので確認することすらできなかったと付け加えたのである。

論争としてはヒトラーの圧勝であった。しかし、政治的には逆効果だったと言わざるを得ない。面目丸つぶれとなったルーズベルトの恨みは深く、米独対立は決定的となる。

独伊・同床異夢の鋼鉄協約

英米仏によるドイツ包囲網に対抗すべく、ヒトラーとリッベントロップは日独伊三国で軍事同盟を結ぶことを目指す。ところが、日本の平沼騏一郎内閣が煮え切らない態度に終始したため、リッベントロップは日本の参加は困難と判断し、イタリアとの二国間軍事同盟締結に方針を切り替える。その結果、5月22日にローマで調印されたのが、鋼鉄協約(Patto d'Acciaio)である。

しかし、この条約をめぐる独伊の思惑は大きく異なっていた。今日の通説と同じく、ドイツ側が攻撃同盟と理解していたのに対し、自国の弱体な経済と貧弱な軍備ゆえ、対英仏戦の回避を強く望んでいたムッソリーニは、この条約によってドイツが独断で戦争を始めない保障を得たと考えた。「イタリア側がこの同盟をいかに軽視していたかは、このあとの危機的な数ヶ月に示された」(Siebert, *Vierteljahrshefte für Zeitgeschichte* 7号4巻)。

追い詰められたヒトラーが8月にイタリアに参戦を要請した際、ムッソリーニは拒否したのである。それだけでなく、イタリアは英仏の対独宣戦布告で戦争が始まったあとも、当時のフランスの駐伊大使アンドレ・フランソワ＝ポンセが戦後に明らかにしたように、フランスに武器を供与していた(*Figaro,* 1945年7月17日付)。さらに、開戦後、当初中立を保ったイタリアはドイツ(オーストリア)との国境沿いに要塞を構築し(Di Nolfo, Hildebrand 他編 *1939* 所収)、ドイツ側で参戦した後も、チアノ外相が「いずれ役にたつ」として建設を継続していたことを日記に書き留めている(Ciano, *Diario 1937-1943*)。

鋼鉄協約締結を受け、ヒトラーは5月23日に軍首脳を呼び、秘密会合が開かれた。ここでヒトラーが語ったことを軍首脳への指示と考えると、「ヒトラーがこれまで行ったなかで、最も馬鹿げた演説の一つ」(eine der tollsten Reden)というしかない(Domarus, *Hitler*)。ただし、記録者である副官は、言葉どおりではなく「大意」(sinngemäß)を記したとしているので、本当にヒトラーがこのように語ったかどうかはわからない。少なくとも、個々の表現が正確性に欠けることは否定できない。

この会合記録は、ニュルンベルク裁判でポーランド侵略を決めた謀議の証拠とされたけれども、話が一貫せず、矛盾だらけなのである。ポーランド問題は英仏との対決と切り離せないと言いながら、「機を逃さず」(bei erster passender Gelegenheit) 攻撃するとして、ポーランド孤立化が成功のカギと述べた後、英仏介入を阻止できるかどうかわからないと言うなど、話が堂々巡りしている。

また、攻撃決定はヒトラーが最後まで留保すると言いながら、攻撃の時期はかなり前から決定しておかねばならないと述べ、奇襲が迅速な解決につながると言いながら、長期戦を準備せねばならないと述べる。

軍は一体どうすればいいのか、困惑した空軍総司令官ゲーリングが最後にヒトラーに問うと、軍拡計画は1943年か1944年を目標にせよと指示された。この会合で、対英仏戦になるかもしれない対ポーランド戦を近々行うよう軍首脳に指示したとは解釈し難い。出席した軍首脳たちのニュルンベルク裁判での証言もそれを裏付ける。

ブラウヒッチュ陸軍総司令官はこの会合でヒトラーが「ポーランドのために戦争に押し流されたら、私は1914年の無能な連中と同様、間抜けとなる」と述べたと証言している。また、ユダヤ系とされるエアハルト・ミルヒ空軍次官が、会合直後に不足する爆撃機製造をヒトラーに進言するも却下され、ヒトラーはまだ時間は十分あるので、時機が来れば指示すると述べ、8月にも同様の提案を再度却下されたと証言している。

この会合におけるヒトラーの発言をどう捉えるべきか。ヒトラーによる個人的ブレインストーミングと解釈すれば、発言の矛盾はむしろ当然である。それが様々なアイディアをぶつけ合うブレインストーミングというものなのだから。通常、複数で行われるところ、ヒトラーのモノローグとして行われたのである。

この解釈を裏付けるのが、ヒトラーが最後に行った唯一の具体的指示の内容である。それは、作戦計画を検討するにあたって、各軍の参謀本部とは別に、OKWにヒトラー直属の調査部門（Studienstab）を設立するというものである。各軍総司令官や参謀総長は案件ごとに参加するだけで、ヒトラーが計画の主導権を軍首脳から取り上げ、自らの完全支配下に入れようとする意図は明白であった。ブレインストーミングの後、本格的なプランを作成する部署創設を指示するという流れと理解すれば、「馬鹿げた演説」とはいえない。

この会合のあと、6月にカール・デーニッツ潜水艦隊指令長官がレーダー海軍総司令官に対して、英国との海上戦への憂慮をヒトラーに伝えて欲しいと依頼、レーダーは7月にデーニッツをはじめとする潜水艦将校団に、「英国との戦争にならないよう努めている。なぜなら、それはドイツの終わり（Finis Germaniae）だからだ」というヒトラーの返事を明らかにしている（Dönitz, *Zehn Jahre und zwanzig Tage*）。

ヒトラーがこの時点ではもちろんのこと、開戦直前の時点でも大戦争を計画していなかったことは、１９３９年のドイツの軍用機製造は英国並み、戦車製造は英国に劣後しており、総力戦体制に入ったのは１９４２年1月以降であったことからも裏付けられる（Lukacs, *Der letzte europäische Krieg 1939 - 1941*）。

第八章

世界革命を目指すスターリンの勝利

是が非でもソ連を味方に付けておきたい英仏

英仏にとって、ドイツに対抗するうえで是が非でも味方に付けておきたいのがソ連であった。英仏とソ連の交渉は、しかしながら、相次ぐソ連の要求引き上げで何度も暗礁に乗り上げる。

まず、1939年4月18日、英仏の対独協定提案に、ソ連はバルト海から黒海に至る東欧諸国を含めることを要求する。しかし、スターリンは、英仏だけを交渉相手と考えているわけでないことを示すかのように、5月4日、ユダヤ人で英仏との連携を重視するリトヴィノフ外相を解任し、自らに絶対の忠誠を誓う最側近モロトフ首相に外相を兼任させる。

リトヴィノフの友人で「世界ユダヤ人会議」(WJC)創設者のナフム・ゴールドマンは、リトヴィノフ自身も1938年9月に国際連盟総会でチェコスロバキアをめぐる英仏の対独宥和政策を批判する演説を行った直後、ユダヤ人である自分が外相を解任されたら、それはスターリンがヒトラーとの条約締結を決めたということだと自らに語ったと記している(Goldmann, *Das jüdische Paradox*)。

モロトフは1939年5月15日、エストニア、ラトビア、フィンランドの「保障」と軍事協定を要求、6月2日には、ソ連のフリーハンドを確保するため、国際連盟規約と関連させることを拒否した。7月1日、英仏が具体的な国名を挙げることを避けるため、秘密議定書を提案すると、ソ連は「間接侵略」も対象とすることを要求、つまり、ドイツ側が何ら軍事的行動を起こさなくても、ソ連が内政混乱などを理由に対象国が間接侵略を受けていると判断すれば、介入できることを求めたのである。

一方、ソ連「保障」対象のエストニアとラトビアは、ソ連の影響力が強まるのを恐れ、6月にドイツと不可侵条約を結んだ。先に紹介したルーマニア国王の言葉どおり、ポーランドを除く東欧諸国は、ドイツよりソ連を恐れていたのである。

この間、支那事変下、天津事件で日英間の緊張が高まるなか、英国はドイツ包囲網の一環として、日独接近を阻止すべく日本と協定を結び、チェンバレン首相は7月24日の議会審議で、戦闘が続く中国における現状を認識し、「中国における日本軍が支配下地域における自らの安全と公の秩序を守るために特別の要求を持つ（have special requirements）」こと及びそれを妨げる行為を抑え取り除かねばならないことに留意すると述べ、日本軍占領地域が拡大する中国の現状を事実上追認する答弁を行う。

一方、英国の対日宥和に対抗するため、米国は7月26日に日米通商航海条約破棄を日本に通告した。欧州のみならず極東においても英米は対立していたのだ。

英仏の対ソ交渉では一貫して、ドイツと国境を接し対独戦の主力とならねばならないフランスがソ連との妥協を優先し、吊り上げられる条件をのもうとするのに対し、英国は難色を示す。しかし、最終的には英国も折れ、7月29日、英仏はのちに締結される独ソ不可侵条約に類似した協定案をソ連に提出する。

秘密議定書では、トルコ、ギリシャ、ルーマニア、ポーランド、ベルギー、エストニア、ラトビア、フィンランドが「保障」の対象とされた。しかし、ドイツと国境を接していないソ連が要求した、本格的に対独戦に参加するための必須条件である有事における赤軍のポーランド領内通過について、英仏はポーランドの同意が必要と回答、何よりソ連を恐れるポーランドは拒否した。

協定案に基づき、8月12日にモスクワで英仏とソ連の間で軍事協定交渉が始まる。しかし、英仏側代表団はソ連に入るのに海路を選んだうえ、二線級のメンバーで構成され、交渉は遅々として進まない。

同時並行で行われた独ソ間の連携交渉

一方、ソ連は対英仏と同時並行で、ドイツと経済協定締結に向け交渉を進めつつ、政治的連携の可能性を匂わせる。モロトフは5月31日のソ連最高会議演説で、ノモンハンで戦闘中の日本に強い警告を発しつつ、防共協定は反英であると指摘した。

ソ連のゲオルギー・アスタホフ駐独臨時代理大使は6月15日に、ブルガリア駐独公使を通じて、ソ連侵略の意図がないのであればドイツと連携する旨、間接的にドイツ側に伝える。7月26日、アスタホフはドイツ側の経済交渉担当者であるカール・シュヌレ書記官に、バルト三国、フィンランド、ルーマニアをソ連の勢力圏と認識していると述べた。

それに対し、シュヌレは、バルト三国とは経済関係に限定しており、独ソ間に利害対立はなく、ソ連の利益を損なうことを一切行っていないことは、カルパト・ウクライナ問題処理が示していると応じ、ソ連と武力紛争下にあった日本とドイツの友好関係については、反ソではなく、ドイツにとって反英こそ決定的であると述べている。

8月3日、モロトフはドイツのシューレンブルク駐ソ大使と会談する。大使がモロトフに、シュヌレの見解はドイツ政府を代表したものであることを伝え、経済協定の早期締結を期待していることを伝えたところ、モロトフは、6月の演説で自ら防共協定は反英と述べていたにもかかわらず、日本の反ソ姿勢を助長したとして防共協定を批判する。さらに、シューレンブルクが、ドイツの「バルト」（Baltikum）に関する行動は、ソ連バルト海

(Sowjet-Ostsee) 権益を守るようにする用意があると述べると、モロトフは「バルト」にはリトアニアが含まれるのかと念を押す。

会談の後、シューレンブルクは本国政府に、ソ連のドイツへの不信感は強く、すべての要求が受け入れられるのであれば英仏と協定を締結するだろうとする一方、ソ連の英国への不信感も強く、締結するにしてもまだ時間がかかるので、立場を翻しドイツを選ぶ可能性もあると報告している。事態はまさにそのとおりに進展する。

チェコ併合後、英国が反独姿勢に転換したものの、ヒトラーの本来の外交基本方針は対英協調であり、チェンバレンも米ソの介入を排した英仏独伊を中心とする欧州宥和を完全に捨て去ったわけではなかった。チェンバレンは5月21日付の妹宛書簡に、ソ連が自らは局外に立ち、資本主義国家同士を戦わせようとしているという疑いを払拭できないと記していた。

7月に対英協調派であるゲーリング配下の4カ年計画担当次官ヘルムート・ヴォルタートがロンドンに派遣され、チェンバレン側近のホーレス・ウィルソンとの秘密交渉に臨み、英独協調の覚書まで作成された。ところが、リークによる新聞報道で批判が巻き起こり、7月24日、チェンバレンは議会で交渉の存在を公式に否定することを余儀なくされ、交渉は頓挫した。

もはやソ連しか選択肢は残っていなかった

ヒトラーが英仏に対抗するうえで、同盟国として期待をかけていたのがイタリアと日本であった。しかし、8月10日に日本の板垣征四郎陸相が、町尻量基陸軍省軍務局長を通じて独伊駐日大使に、五相会議でドイツとの同盟案を貫徹できなかったことを伝え、日本の「脱落」が決定的となった。

イタリアのチアノ外相は8月11日にリッベントロップと会った後、翌12日にヒトラーと会談、イタリアはスペイン内戦とエチオピア併合で疲弊し休息が必要であり、ポーランドとの限定戦争が可能とするヒトラーの想定とは異なり英仏参戦の可能性が高い戦争への準備はできておらず、イタリアが参戦しないことを強く示唆した。

さらに、チアノは事前に用意した戦争を回避し欧州の平和を訴える共同声明案をヒトラーに提示し、ムッソリーニが首脳会議を検討していることを伝えた。それに対し、ヒトラーはミュンヘン会談と異なり、ソ連に加えポーランドとスペインも招かねばならないと述べ、消極姿勢を示す。

ポーランド問題の解決を急ぐ必要はないのではないかというチアノの問いかけに、ヒトラーは時間がないと答える。9月から5月にかけてポーランドは「大きな沼地」となるので軍事行動は困難となる。そのため、10月にはダンチヒがポーランドに占領される可能性があると述べた。

また、ヒトラーがポーランド側に大きく譲った提案をしたにもかかわらず、英国の介入以来、強く拒絶するようになり、好戦的な報道を続けているとしてポーランドを批判する。ドイツは大国として、首都ベルリンから150キロメートルしか離れていない敵対的隣国の存在に耐えることはできず、ポーランドが次に政治的挑発をした場合は、48時間以内にポーランドを攻撃し、問題を一挙に解決すると述べた。

会談の途中で、ヒトラーに日本に関する上述の報告とソ連に関する報告が入り、一時中断後、ヒトラーはソ連に関する報告をチアノにも見せ、ソ連が英仏のために火中の栗を拾う用意はないし、ドイツはソ連のバルト海への進出に反対しないと述べ、独ソ連携を示唆した。というより、もはやソ連しか選択肢は残っていなかった。

ヒトラーが耐えられないとしたポーランドの状況は、根拠なきプロパガンダではなく事実であった。ドイツ人に限らずポーランドにおける少数民族差別は常態化しており、ポーランドとの連携を重視するヒトラーはドイツ系住民への不当な扱いに関する報道を抑えてきたけれども、ポーランドの反独姿勢が明らかになって以来、ドイツ国内で大きく取り上げられるようになり、国民の反ポーランド感情はさらに悪化していた。

英国のヘンダーソン駐独大使も、ドイツ側の主張は誇張されているとしつつ、ポーランドのドイツ系住民が概して経済的に恵まれていることから妬みの対象となり、ポーランド人からひどい扱いを受け、ドイツに逃げ出していることを認めていた（Henderson, *Failure of a mission*）。

ダンチヒに関しては、税関職員問題をめぐり、ポーランド代表のマリアン・ホダツキとドイツ人によるダンチヒ自治政府（Senat der Freien Stadt Danzig）の対立が激化、8月4日にホダツキは翌5日18時までに指示に従わなければ報復するという内容の最後通牒を自治政府代表のアルトゥール・グライザーに通知する。

国際連盟代表のブルクハルト高等弁務官が仲介し、事態は沈静化したものの、ポーランドや海外のメディアが、ヒトラーが屈服したと報道した。１９３８年5月のチェコスロバキア軍動員をめぐる捏造事件と同様の構図である。ヘンダーソンは8月8日にハリファックス外相に対して、センセーショナルな報道がヒトラーを刺激し事態を悪化させたと批判する報告を行っている。

「ヒトラー対ソ攻撃・ウクライナ征服発言」？

チアノとの会談2日前の8月10日夜、ヒトラーはダンチヒNSDAP大管区長のアルバート・フォルスターを通じて、スイスにいたダンチヒ高等弁務官ブルクハルトに、ヒトラーが差し向ける飛行機に乗って訪独するよう要請する。翌8月11日、ブルクハルトはフォルスターを伴って、スイスを出発、ヒトラーと会談した。

ヒトラーは理性的出口を見つけねばならないとしつつ、ポーランドでのドイツ系住民迫害に「忍耐の限度に達した」と述べた。ただし、この会談にはダンチヒ問題解決に関してなんら具体的内容はなく、実りのないものであった。

しかし、この会談は歴史に残るものとなる。なぜなら、ヒトラーが、ソ連と組んで英仏を倒したあとでソ連を攻撃することを明言し、私にはウクライナが必要であると述べた、とブルクハルトが書き残したからである。

ヒトラーが当初から東方侵略とくにウクライナ併合を計画していたというのが、今日では通説的地位を占めている。スイスの駐ポーランド大使を務めたポール・シュタウファーが、ブルクハルトの詳細な評伝で指摘しているとおり、実は、この発言は第二次大戦前の段階でのヒトラーの東方征服意図を裏付ける唯一の信頼に値するように思える証拠といってよいのだ。

ところが、この発言はブルクハルトがスイス帰国後の8月13日に英仏の外交官に伝え、公文書に残された詳細な会談記録には存在せず、戦後に出た回顧録で公表された(Burckhardt, *Mein Danziger Mission 1937-1939*)。そもそも、ソ連との連携をめぐって英仏と競い合っていた時期に、ブルクハルトのような英仏と一体といってよい国際連盟高官に、ヒトラーがこのような反ソ発言をするとは考えられない。シュタウファーも、発言の信憑性を様々な角度から検討した結果、否定的結論に至っている(Stauffer, *Carl J. Burckhardt*)。

不倶戴天の敵たるソ連との連携

日伊が頼りにならないなか、英仏のドイツ包囲網を打破するため、他の選択肢がなくかったヒトラーは、不倶戴天の敵であるはずのソ連との連携に賭ける。8月14日、リッベントロップ外相はシューレンブルク駐ソ大使に、以下の内容のメッセージをソ連側に直接伝えるよう指示する。

その内容は、国民社会主義と世界革命という世界観の対立は独ソの理性的関係構築を妨げるものではなく、東欧をめぐる両国協調は可能であり、資本主義的西側デモクラシーこそ独ソ共通の敵である。両国関係強化のため、通常の外交ルートを通じてではなく、ヒトラーの名代としてリッベントロップ自身が訪ソし、ヒトラーの考えを直接スターリンに伝えたい、というものであった。

モロトフは、まず経済協定を締結し、それから不可侵条約を検討したいと前向きの姿勢を表明したものの、具体的な日程の検討までには至らない。一方、ベルリンで交渉が続いていた両国間の経済（貿易信用）協定は、8月19日に合意に達した。同日、モスクワでシューレンブルク大使がモロトフにリッベントロップ外相との直接交渉を再度要請したものの、色よい返事は得られなかった。

ところが、大使が帰途に就いたあと、モロトフからもう一度クレムリンに来るよう要請があり、再訪した大使にモロトフは、ソ連政府より「指示された」（beauftragt）として、独ソ不可侵条約締結に向けたリッベントロップ外相の訪ソに合意した。ソ連で首相モロトフに指示できる人物はただひとり、スターリンしかいない。

8月20日にヒトラーは、スターリンが国家の公職についていないため、外交上異例な

「スターリン様」（Herr Stalin）宛書簡を送り、すみやかなリッベントロップ訪ソ受け入れを要請した。なお、同日にはこれまで現地軍の小競り合いが続いていたノモンハンで、ソ連軍の大攻勢が始まり、日本軍は善戦したものの壊滅的打撃を受けることとなる。

8月21日にモロトフは、23日にリッベントロップが訪ソすることに同意する。予定通りモスクワを訪れたリッベントロップとの交渉には、モロトフだけでなくスターリンも参加した。ソ連側が強く望んだ両国の「勢力圏」（Interessensphären）確定をめぐって、予想外の要求に全権とはいえ迷ったリッベントロップが途中でヒトラーに直接指示を仰ぐなど、ハードな交渉が24日未明まで続き、最終的に23日付で悪名高い秘密議定書を伴う独ソ不可侵条約が締結されたのである。

独ソ不可侵条約締結後のヒトラーの行動

秘密議定書によって、バルト海沿岸諸国はフィンランド、エストニア、ラトビアがソ連、リトアニアがドイツの勢力圏とされ、ポーランドはナレフ川・ヴィスワ川・サン川を境に東側がソ連、西側がドイツの勢力圏とされた。また、ソ連のルーマニア領ベッサラビアに対する関心（Interesse）が特記された。なお、秘密議定書はドイツのソ連大使館内の反ヒトラー外交官を通じて、締結後すぐに米国に漏洩されたけれども、米国はポーランドにその内容を伝えなかった。

秘密議定書をめぐっては、独ソが東欧分割を密約し、その結果、ドイツのポーランド侵攻が始まったとする解釈が通説となっている。しかし、大国がそれぞれの勢力圏を対象となる小国の意向を無視して定めるのは、少なくとも当時はまだ国際政治の通例であり、結局、ドイツに先を越されたものの、英仏もソ連と同じような内容の協定を結ぼうとしていたのである。

東欧をめぐっても、第二次大戦末期、チャーチルとスターリンは各国に対する影響の度合いをパーセンテージで明記した「パーセンテージ協定」を結んでいる。

そもそも勢力圏は併合を意味するものではない。秘密議定書でも、領土及び政治的変更(Umgestaltung)の場合の勢力圏範囲を決めると記されている。ポーランドに関しても、独立国として維持するか、その場合はどの範囲とするかは、今後の政治的展開に沿って最終的に確定すると明記され、分割して併合するとは書かれていない。

独ソ不可侵条約締結後のヒトラーの行動をみると、この条約によって英仏とポーランドに圧力をかけ、武力行使なしでダンチヒ返還を実現することを望んでいたように思える。

いわば、「第二のミュンヘン」である。ヒトラーに極めて批判的な回顧録を残したエルンスト・フォン・ヴァイツゼッカー外務次官も、ヒトラーが独ソ不可侵条約で英国に圧力をかけ、ポーランドを「平和的解決」（friedliche Lösung）に仕向けよう考えていたと記している（Weizsäcker, *Erinnerungen*）。なお、戦犯となった父の裁判で弁護人を務めた息子のリヒャルトは西ドイツの大統領となった。

一方、条約締結が明らかになるや、ロンドン亡命中のチェコ元大統領ベネシュは、これはヒトラーを戦争に駆り立てる荒業であり、世界革命を目指すソ連が望む戦争勃発が早まったと考えた（Lukes, *Vierteljahrshefte für Zeitgeschichte* 41巻3号）。実際、スターリンが英仏とドイツの戦争をけしかけるために条約を締結したことは、あとで示すように、開戦直後に本人の口から語られる。

リッベントロップ訪ソ前日の8月22日、ヒトラーは各軍の総司令官や参謀総長だけでなく広く軍高官を集め、長時間の演説を行う。ヒトラーはソ連との条約締結が間近であることを述べたうえで、8月26日をポーランド攻撃開始日に設定した。ただし、出席した多くの軍高官たちは、対仏電撃戦の立役者エーリッヒ・マンシュタインが指摘するように、武力行使なしのダンチヒ・ポーランド問題解決の道が閉ざされたわけではなく、ズデーテン併合の時と同様、心理戦の一環と考えていた。

この演説をめぐっては複数の議事録が存在し、そのうちニュルンベルク裁判に提出された出所不明の二つのバージョンは、ひとつはあまりに荒唐無稽なため裁判で証拠採用されず、もう一つの採用された方も、全体的に極めて好戦的な調子で《Schweinehund》といった下品な言葉遣いが含まれるなど、出所が確かな複数の別のバージョンと比較すれば、歪曲されたものであることはほぼ確実である（Schulze-Rhonhof, *1939*）。マンシュタインは、すぐれた人間心理の理解者（guter Psychologe）だったヒトラーはそんな言葉遣いが逆効果であることをよく知っていたと述べている（Manstein, *Verlorene Siege*）。

英国は米国に対し、ポーランドへの圧力を望んだ

独ソ不可侵条約は世界中を驚かせる。英仏とソ連の交渉は当然ながら立ち消えとなり、日本の平沼首相は「欧州の天地は複雑怪奇なる新情勢を生じた」と述べ辞任、各国共産党は反ファシズムすなわち反独から反帝国主義すなわち反英米仏に180度方針を転換する。しかし、ヒトラーが期待した英仏の対独姿勢軟化は生じず、スターリンの思惑どおりの展開となる。

リッベントロップが独ソ不可侵条約締結のため訪ソすることが8月21日夜に発表された翌22日、チェンバレンは、ヒトラーに親書を手渡すようヘンダーソン駐独大使に指示する。その内容は、不可侵条約が締結されても英国のポーランド保障はいささかも揺るがないことを強く主張するものであった。

翌23日にヘンダーソンと会談したヒトラーは、これまで英国との友好を得ようと努力してきたとしたうえで、ポーランドの強硬姿勢とそれを支える英国の保障を批判する内容の返書をチェンバレンに送った。ドイツ側の公文書には、ヘンダーソンが、チェンバレンはドイツの友人であり、チャーチルの入閣を拒否しているのがその証拠だ、と語ったことが記されている。

戦争か交渉のどちらになるかは、米国の出方が大きく影響する。8月23日にチェンバレンと会談した米国のジョゼフ・ケネディ駐英大使は、コーデル・ハル国務長官宛てに、大統領が平和に向けた行動を検討しているのであれば、ポーランドのベック外相に今すぐ働きかけるべきであると具申している。ケネディは翌24日、国務省のジェイ・モファットにも以下のように伝えている。

英国は米国に対してひとつのことだけ、すなわちポーランドに圧力をかけることを望んでいる。英国はポーランドに保障を与えたため、自らはできないけれど、米国ならできると感じていると（Hooker, *The Moffat papers*）。しかし、まさにポーランドの強硬姿勢の後ろ盾であるルーズベルトとハルは、独ソ不可侵条約秘密議定書の内容を知りながら、ケネディの提案を無視した（*The memoirs of Cordell Hull*）。

勢いづくチャーチルら対独強硬派を前に、ミュンヘン会談の時とは違い主導権を失ったチェンバレンは、首相辞任を国王に申し出たものの、受け入れられなかったと、当時の英政界の動きを知るうえで必読文献とされる下院議員ハロルド・ニコルソンの日記（8月24日付）に記されている（Nicolson, *Diaries and letters*）。

8月25日、ヒトラーは再度ヘンダーソンと会談する。いつものとおりヒトラーは英国との友好を願っていると述べ、ドイツが世界征服を狙っているなどという主張は笑止千万であり、大英帝国やソ連や米国に比べてドイツが小国であることを強調し、英国との同盟関係に入る準備があり、必要であれば大英帝国防衛に参加すること、英国がダンチヒ問題解決に協力すれば対ポーランド国境を画定することなどを骨子とする提案を行った。

ヒトラーは、再び欧州大戦となれば勝者は日本だと指摘し、自分は本来、政治家ではなく芸術家であり、ポーランド問題が解決すれば、戦争挑発者ではなく芸術家として人生を終えたいと語った。

同日、英国とポーランドは相互援助条約を締結し、両国の軍事的絆はさらに深まったように見えた。しかし、条約本文で「ある欧州の大国」（a European Power）とされた共同防衛の対象は、秘密議定書でドイツに限定され、ポーランドはソ連に攻撃されても英国は防衛義務を負わないこととなった。実際には、この条約で英国はこれまでより保障範囲を狭めていたのである。

何度も攻撃開始日を延期したヒトラー

さらに同日、ヒトラーは、独ソ不可侵条約に至った経緯を釈明する親書をムッソリーニに送る。数時間後に送った返書でムッソリーニは、イタリアは戦争準備ができていないので参戦しないと明言した。

ヒトラーは交渉による解決に望みをかけ、26日にポーランド攻撃を開始する命令を直前の25日夜に撤回した。この後も、攻撃開始日が何度も先延ばしにされ、ゲーリングの密使としてスウェーデン人ビルイェル・ダレルスが独英間を連日往復し、ドイツ側は事態を打開しようとするけれども、ポーランドの強硬姿勢を前に、開戦の最終期限が迫る。

ヒトラーとしては、ダンチヒ返還を諦め、ポーランド内のドイツ系住民迫害を座視すれば、自らの威信が決定的に傷つくことになるため、交渉で解決できない場合は、戦争に訴えるしかない。秋になると天候上の理由で対ポーランド戦は困難になるので、軍事的理由から交渉が続けられるのはあと数日となった。

8月28日、英国は正式交渉を開始することに基本的に合意、翌29日、ドイツはダンチヒ及びポーランド回廊の返還とドイツ系住民の保護を求めるとともに、英国の要求に応じ、ポーランド国境の国際的保障にソ連参加を条件として同意し、ポーランドが全権代表を30日に派遣するよう仲介することを英国に依頼した。

さらに、8月30日に、ドイツは要求内容を明確にした正式提案のための十六条件をまとめる。ダンチヒ・本土間のドイツ系住民が多数を占めるポーランド回廊の帰属は、ポーランドの海の出口となるグディニアを除き、民族自決原則の基づき住民投票で決めるというものであった。この提案は深夜にヘンダーソン英駐独大使に伝達される。ところが、ポーランドは交渉すること自体に応じず、ポーランド軍は総動員体制に入る。

ヒトラーは、この時点で攻撃期日に予定されていた8月31日を1日延ばし9月1日とした。しかし、ポーランドは最後まで全権代表を派遣せず、結局、交渉が始まることはなかった。なぜポーランドは頑なに交渉を拒否したかといえば、フランスの支援によりドイツからみれば二正面戦争となる対独戦での自らの勝利を確信していたからである。

8月31日、ダレルスが十六条件を正式に提示するためポーランド大使館に向かい、口頭で伝えようとしたところ、ポーランドのリプスキ駐独大使は突然ドイツ語がわからないと言い出す。文書化するためダレルスが離席している間、同行していた英国のオグルヴィ＝フォーブス参事官に対し、リプスキは、ヒトラー体制は脆弱であり、国民に不人気な戦争が始まれば、ドイツの内部崩壊は必至であり、ポーランド軍はベルリンまで進軍すると語っていたのである（Dahlerus, *Der letzte Versuch*）。リッベントロップとの夜の会談前に、リプスキはベック外相から、自らに何ら権限がないことを明示し、一切中身のある議論はしないよう指示され、実際、そう振舞った（Borodziej & Dębski, *Polish documents on foreign policy*）。

確かに、第一次大戦の経験からドイツ国民は平和志向が顕著であり、大半の国民が戦争回避を望んでいた。だからこそ、これまで一滴の血も流さず領土回復を成し遂げたヒトラーの人気は高かった。

しかし、ドイツ国民の戦争回避願望にはひとつだけ例外があった。領土を奪い、ドイツ系住民を迫害するポーランドへの積年の反感は大きく、対ポーランド戦は例外的に人気のある戦争だったのである。このことは、非合法化されたあとも組織的に地下活動を行っていた独社民党の報告書にも記されている（*Deutschland-Berichte* 6巻8号）。前年のズデーテン危機の時と違い、軍上層部においても対ポーランド戦反対の気運は高まらなかった。

当時のポーランド指導層の間では大国意識が強固で、対独戦勝利を信じていたのはリプスキだけではなかった。1939年8月9日、ポーランドのポトツキ駐米大使は米国のウェルズ国務次官に、参謀本部は対独戦を防衛戦争ではなくドイツ領内に侵攻する攻撃戦争になると考えていると述べたうえで、ポーランドに好意的なルーズベルト側近のウェルズですら「極めて説得力のない」（singularly unconvincing）と評した主張を行っている。もし秋に戦争が起きなければ、冬にもドイツの国内不安は深刻化し、春までにヒトラー体制は崩壊して、よりまともな政権が来年の夏前には成立しているだろうと（Biddle, *Poland and the coming of the Second World War*）。

ピウスツキ没後、ポーランド最大の実力者となったベック外相も1938年夏にダンチヒのブルクハルト高等弁務官に、次のように語っていた。ヒトラーにはソ連との連携は不可能であり、ソ連はドイツと国境を接することに関心がないので、ドイツによるポーランドの領土保全侵害を許すことはない。もしポーランドを攻撃したら、フランスがドイツに攻め入る。ヒトラーに二正面作戦は遂行できないと（Burckhardt, *Meine Danziger Mission 1937-1939*）。ベックの想定はことごとく外れた。

しかし、米国は最後までポーランドをけしかけ、「安心」させていた。ルーズベルト外交の欧州での責任者であるブリット駐仏大使は、開戦前日の１９３９年8月31日、ポーランドのウカシェヴィチ駐仏大使に、信頼できる筋によれば秘密議定書はバルト諸国に関するもので、ポーランドやルーマニアは含まれておらず、戦争の場合にはソ連はエストニア、ラトビア、リトアニアを占領するだろうと述べていたのである（Jędrzejewicz, *Diplomat in Paris 1936-1939*）。

8月31日にムッソリーニが英国にポーランドに交渉に応じるよう影響力を行使することを要請したものの、時すでに遅し、9月1日早朝、ドイツ軍はポーランドに侵攻する。対独戦を望んでいた英国の対独強硬派クーパー前海相は、ドイツのポーランド攻撃の報を聞いて「安堵」（relief）する。なぜなら、ヒトラーの十六条件がラジオで報道された際、妻のダイアナが「けっこう理にかなっている」（not unreasonable）と述べたことに「ぞっとした」（horrified）クーパーは、多くの国民も同様だろうと危機感を覚えていた。クーパーから電話を受けたチャーチルは、自分も同意見だとして、すでに『デイリーメール』紙と話したところだと答え、クーパーも『デイリーテレグラフ』紙に和平を批判する記事を書くよう求めていたのである（Norwich, *The Duff Cooper diaries*）。

政治的に死んだヒトラー

9月2日、ムッソリーニが戦闘を停止し国際会議によって解決することを提案するも実現しなかった。とはいえ、戦争が始まっても、ヒトラーは交渉による解決を諦めたわけではなかった。同日、リッベントロップはヒトラー承認の下、ダンチヒと本土を結ぶポーランド領内の交通路確保と引き換えに、戦争による損害を賠償しドイツ軍を引き上げるという条件で、英国に和平仲介を依頼するよう、英国在勤の国営通信DNB幹部フリッツ・ヘッセに電話で直接指示する。リッベントロップは「ヒトラー直々の任務として」（im ausdrücklichen Auftrag Hitlers）交渉するよう念を押した。和平条件はムッソリーニの提案と同様であった。

ヘッセは旧知のジョージ・スチュアート英首相報道官に連絡し、チェンバレン側近のウィルソンとの面会にこぎつける。しかし、ウィルソンは一切交渉に応じず、ヘッセはドイツに帰国した（Hesse, *Das Spiel um Deutschland*）。この和平提案については提案内容そのものを示す証拠は残っていないけれども、9月2日夜にヘッセからドイツでヒトラーと直接会談するよう依頼されたことを記したウィルソンのメモが、当該時期の欧州情勢に関する英公文書集公刊後に「発見」され、のちに公刊された極東に関する巻に追加掲載されている。

9月3日、英仏はドイツに宣戦布告し、第二次大戦が始まる。同日、反独派のリーダー、チャーチルが海相に就任した。ただし、英仏は事実上、ポーランドに一切軍事支援を行わなかった。英仏がたかがダンチヒごときのために戦うようなことはなかったという点で、ヒトラーの英仏軍事戦略に関する読みは正しかった。しかし、英仏とくに世論の後押しを受けた英国が覇権国として、「同盟国」ポーランドに対するドイツの武力行使を政治的に容認しないことをヒトラーは読み誤ったのである。英国との協調の下での大ドイツという夢が破れたヒトラーは政治的に死んだ（Scheil, *Logik der Mächte*）。対独宣戦布告は同時に大英帝国の終焉の始まりでもあり、米ソ二つの欧州外の超大国による戦後世界支配への道を開くこととなった。

ヒトラーが戦争を望んでいなかったことは、チェンバレンも認めていた。妹アイダへの1939年9月10日付書簡にはこう記されている。

このような特異な人物については推測することしかできない。それでも私は、彼［ヒトラー］が我々との合意を真剣に考え、彼の単線的思考からみれば驚くほど気前のよい（続けて報道された）提案実現に向け真摯に努力していたと考えている。しかし、最後の瞬間、頭に浮かんだ考えが彼に取りつき―おそらくリッベントロップがそれを掻き立て―、一度彼のマシーンを動かしてしまうと、もう止めることはできなかった。

開戦間もない時期のドイツからの和平提案

実は、形勢が自らに有利な時期から、ヒトラーは何度も和平の提案をしている。開戦間もない9月中に、ゲーリングは中立国スウェーデン人であるダレルスを通じ、ヒトラーへの忠誠を前提に、自らがドイツ政府を率いて、反ユダヤ政策を中止し、ヒトラーは象徴的地位に就くという枠組みのもとでの和平を英国に提案する（Martin, *Friedensinitiaven und Machtpolitik im Zweiten Weltkrieg 1939-1942*）。このような提案がヒトラーの承認なしにゲーリングが勝手に行ったとは考えにくい。

単なる提案にとどまらず、9月29日にダレルスは、ロンドンでチェンバレン首相、ハリファックス外相、アレクサンダー・カドガン外務次官と会談している（Dilks, *The diaries of*

Sir Alexander Cadogan)。カドガンは12月14日付の日記でもゲーリング首班構想に言及しており、この構想が1939年冬まで継続していたことがわかる。

チェンバレンがゲーリング首班を頭から否定していなかったことは、そのゲーリング観からも読み取れる。11月5日付の妹アイダ宛書簡で、ヒトラー除去が不可欠であり、取り巻きも同様としつつ、ドイツの伝統的支配層に近いゲーリングは例外としてよいと記しているのだ。そして、ナチを取り除いた後のドイツに大きな問題はなく、ずっと厄介なのはフランスだとも。

一方、英国側からの和平提案は最後まで行われなかった。チェンバレンは10月8日付の妹宛書簡で、ヒトラーの和平攻勢に対して、「私が常に恐れてきたのは空襲以上に和平提案である」と記している。政権の主導権を握ったチャーチルら対独強硬派の目的は、ヒトラーというより大国としてのドイツの存在そのものの打倒であり、交渉の余地はなかったのである。

世界革命実現に近づいたスターリン

英仏の対独宣戦布告は、ヒトラーの政治的死であると同時に、世界革命を目指すスターリンにとって大きな勝利であった。スターリンは開戦直後の1939年9月7日に、コミンテルン書記長ディミトロフにこう語っている（Фирсов, *Новая и Новейшая История* 6巻及び *Georgi Dimitroff Tagebücher 1933-1943*）。

この戦争は二つの資本主義国家群（植民地、原料などに関して貧しいグループと豊かなグループ）の間で、世界再分割、世界支配をめぐり行われている。我々は、両陣営が激しく戦い、お互い弱めあうことに異存はない。ドイツの手で豊かな資本主義国、特にイギリスの地位がぐらつくのは、悪い話ではない。ヒトラーは、自らは気付かず望みもしないのに、資本主義体制をぶち壊し、掘り崩しているのだ。

権力を握った場合と反対勢力でいる場合とでは、共産主義者の態度は異なる。我々は自分の家の主人である。資本主義国家における共産主義者は反対勢力であり、そこでの主人はブルジョアジーだ。

我々は、さらにずたずたに互いに引き裂きあうように、両者をけしかける策を弄することができる。不可侵条約はある程度ドイツを助けることになる。次の一手は反対陣営をけしかけることだ。

資本主義国家の共産主義者は、自国政府と戦争に反対して、断固として立ち上がらねばならない。

この戦争が始まるまで、ファシズムとデモクラシー体制を対立させることは全く正しかった。帝国主義列強間の戦争時には、これはもう正しくない。資本主義国家をファシスト陣営とデモクラシー陣営に区別することは、かつて持っていた意味を失った。帝国主義戦争という状況のもとでは、問題は奴隷制度の絶滅なのだ。今日、統一人民戦線や国民統一といった昨日までの立場を主張することは、ブルジョアジーの立場に陥ることを意味する。こうしたスローガンは撤回される。

かつて歴史的には、ポーランド国家は民族国家であった。それゆえ、革命家たちは分割と隷属化に反対して、ポーランドを擁護した。現在、ポーランドはファシスト国家であり、ウクライナ人、ベラルーシ人その他を抑圧している。現在の状況下でこの国を絶滅することは、ブルジョア・ファシスト国家がひとつ少なくなることを意味するのだ。ポーランドを粉砕した結果、我々が社会主義体制を新たな領土と住民に拡大したとして、どんな悪いことがあるというのか。

我々は、いわゆるデモクラシー諸国との合意を優先し、交渉を続けた。しかし、イギリスとフランスは我々を下男にしようとし、おまけにそれに対して何も払おうとしなかった。我々はもちろん下男になりはしなかった。たとえ何も得られなくても。

スターリンがドイツの侵略を恐れ、不可侵条約を結んだなどというのは俗説に過ぎない。条約締結時点ですでに対独攻撃作戦計画が存在していたソ連と異なり、ドイツには対ソ戦争計画など一切存在せず、ソ連との共存を前提に、1939年秋からバルト三国からのドイツ人帰還政策を進める（Loeber, *Diktierte Option*）。

バルト三国にあたる地域には、数百年前からドイツ人が植民を始め、バルト・ドイツ人として確固たる地位を築いていた。ヒトラーはそれをあえて半ば強制的に本国に呼び戻したのである。もし、ヒトラーがソ連侵略を計画していたのであれば、非ドイツ民族支配の核となりうるバルト・ドイツ人をわざわざ本国に呼び戻したりしないであろう。帰還政策はバルト・ドイツ人だけに適用されたわけではない。ルーマニアやソ連領となった旧ポーランド東部すなわちウクライナ西部に住むドイツ人に対しても帰還政策が実施された。

独ソ不可侵条約後のドイツ人帰還政策は、戦争前の1939年3月にカルパト・ウクライナ人のドイツ保護国化要請を拒否したことと並んで、ヒトラーが目指す大ドイツ「生存圏」が伝統的に「ドイツ」とみなされてきた地域に限定されたものであったことを示す好例である。

スターリン、チャーチル、ルーズベルトの責任

ドイツのポーランド攻撃で第二次大戦が始まったのだから、ヒトラーにその開戦責任があることはいうまでもない。しかし、ヒトラーだけの責任だろうか。ドイツ人の住む中都市ダンチヒをめぐるドイツとポーランドの間のローカルな対立が大戦争となったのは、ヒトラーの望むところではなかったし、世界征服計画などなかった。

地域紛争が世界規模の大戦争となった責任は、ヒトラーというより、スターリン、チャーチルそしてルーズベルトにあった。

１９４５年12月27日、のちに初代国防長官になるフォレスタル海軍長官は、開戦時に駐英大使を務めていたケネディに１９３８年以降のルーズベルトとチェンバレンについて尋ねた際のケネディの発言を日記に残している（Millis, *The Forrestal diaries*）。

１９３８年におけるチェンバレンの立場は、英国には戦うべき何の理由もなく、ヒト

ラーと戦争する危険を冒すことはできないというものだった。もしブリット駐仏大使が1939年夏にポーランドをめぐってドイツに立ち向かわねばならないとルーズベルトに促すことがなければ、ヒトラーは英国とのいかなる対立もなしにロシアと戦っていただろう。ワシントンから継続的にせっつかれなければ、英国もフランスもポーランドを戦争事由にはしなかっただろう。ケネディによれば、ブリットはルーズベルトにドイツは戦争しないと言い続け、一方、ケネディは戦争となり、ドイツは欧州を席巻するだろうと。……

チェンバレンは米国と世界中のユダヤ人が英国に戦争を無理強いしたと述べていた。1939年夏の電話でのやり取りで、ルーズベルトはケネディに、チェンバレンの背中に《iron》(アイロン)を押し付けろと言い続けた。ケネディの返事は常に、英国が戦うために必要な《iron》(装備)がない限りチェンバレンの背中にアイロンを押し付けても意味がないというもので、実際、英国は持っていなかった。

なお、フォレスタルは、ケネディの発言がユダヤ人の投資銀行家クラレンス・ディロンから以前聞いた話とほぼ一致しているとつけ加えている。

ヒトラーが計画的に侵略戦争を始めたのではなく、英仏の不介入を望みつつ、いわば追い込まれるかたちで対ポーランド戦に踏み切ったという主張にも理があることは、米最高裁判事在任中にニュルンベルク裁判の首席検察官を務めたロバート・ジャクソンも認めていた。

裁判の根拠となる協定を準備するために開かれたロンドン会議で、ジャクソンは1945年7月19日に、「侵略」（aggression）をめぐって裁判の場で議論することは危険であると指摘し、こう述べる。

論点は、我々は攻撃そのもの（actual attack）、侵攻そのもの（actual invasion）が侵略（aggression）を構成するとみなし、侵攻は実のところ政治的あるいは経済的措置に対する防御（in defense）なので「攻撃」は存在しないという議論を封じる（cut off）ことである。もしこの点を協定に入れなければ、これからドイツは間違いなく、侵略戦争であるかに見えても、そうではなかったと主張する。ドイツは包囲や他の直接的でない脅威に対して防御したと言うだろう。そうなれば、1939年以前の欧州で誰が誰に何をしたかという全くの政治的議論に入ることになる。

我々は戦争原因（cause of the war）を訴訟対象とするべきではなく、経済的あるいは政治的考慮のみに関連したいかなる動機についても審理を許さず、誰が最初に攻撃したかという争点の範囲内で裁判するべきと私は考える。

戦後正統史観の根底にあるニュルンベルク裁判が、公正な司法というより勝者の戦後支配を正当化するための政治的産物であることを、当事者自身が最初から認めていたのである。

ヒトラーのビジョン――あとがきにかえて

ビスマルクによるオーストリアを除外した小ドイツ統一が実現する前の19世紀前半、ナショナリズムが高揚するなか、ドイツ人エリートが目指したのは、オーストリアのドイツ人を含む大ドイツ国家の建設であり、それは現実政治家としてのヒトラーの目標でもあった。

ヒトラーは武力を用いることなく、ほぼその目標を実現しながら、第一次大戦後の国際的潮流であるとともに自らの旗印でもあった民族自決原則に反して、ベーメン・メーレンを併合したことで窮地に陥り、ダンチヒ返還という最後の詰めのところで挫折し、望まぬ英仏との戦争に追い込まれることとなってしまった。

ヒトラーが英国と協調しながら実現しようとした国際秩序とは、どのようなものだったのか。それは、台頭する米国と対抗できるよう強化された欧州の確立であった。それも、互いに切磋琢磨する国民国家からなる欧州こそ望ましいあり方と考えていた（Hitler, *Zweites Buch*）。

おそらく遠い将来には、高い独自の価値を持ち、米合衆国による世界支配の脅威に対抗し得る国民国家群（Nationalstaaten）からなる新たな民族統合が考えられる。私が思うには、英国による世界支配が続くほうが、米国による支配が到来するより、今日の各国民に与える苦しみは小さい。

この問題の解決になり得るのは汎欧州（Paneuropa）ではなく、互いの権益領域（Interessengebiete）が仕切られ明確に区別された、自由で独立した国民国家群からなる欧州だけなのだ。

ヒトラーにとって、ある意味、米国は理想の国家であった。広大な国土と豊富な資源、それに比べて相対的に少ない人口というのは、貿易に依存しない自給自足経済を可能にし、軍事的にも極めて有利である。さらに、ヒトラーは米国が１９２４年移民法改正で、移民を事実上、北・西欧人すなわち当時の米国でいうところの「北方人種」（Nordic race）に制限したことを高く評価していた。ＷＡＳＰ（White Anglo-Saxon Protestants）の米国は同時にライバルでもあり、ヒトラーは米国の圧力に抗してドイツ民族共同体を維持発展させることを自らの使命と考えていた（Hitler, *Zweites Buch*）。

将来、米国に立ち向かうことができるのは、国内生活のあり方（Wesen）と対外政策の内実（Sinn）を通じて、民族としての価値を人種的に高め、これを国家として目的に沿ったかたちに持っていくことを理解した国家だけである。……
我が祖国をこの課題に向け全力で強化し準備するのが、これもまた国民社会主義運動の使命である。

ヒトラーは現実政治家であると同時に世紀単位で考える革命家であり、中欧における大ドイツ確立という自らの生涯で実現しようとした政治目標とともに、こうして確立したドイツ民族共同体においてドイツ人が成し遂げるべき、自らの生涯を超えた長期的ビジョンを明確に持っていた。

ヒトラーは、暴力革命によって一気に体制変革を実現しようとするマルクス・レーニン主義的革命観ではなく、社会ダーウィニズムに基づく進化（論）的革命観の持ち主であった。そのため、政権獲得前から、性急な体制変革を求めるNSDAP左派勢力から、革命の理想を捨て既存勢力と妥協する道を選んだと批判されていた。

1930年5月に行われた左派の理論的リーダー、オットー・シュトラッサーとの論争で、NSDAPの政治目標として企業の国有化と自給自足経済推進を求めるシュトラッサーに対し、ヒトラーは、企業は国有化せずとも国民の利益に反するときに介入すればよく、100年先には可能かもしれないけれども、原材料輸入と工業製品輸出なしにドイツ経済は立ちゆかないと反論している（Strasser, *Mein Kampf*）。ヒトラーはあるべき体制としての自給自足を否定したわけではなく、100年単位の仕事だと考えていたのである。

指導層の育成選別についても同様である。1939年1月25日、ヒトラーは完成したばかりの首相官邸で新任将校を前に、新しい社会のエリートを作り出すには、10年や20年ではなく100年はかかるとして、こう語っている（Jacobsen & Jochmann, *Ausgewählte Dokumente zur Geschichte des Nationalsozialismus 1933-1945*）。

この育成をそう100年で最終的に成し遂げ、新たな社会の指導層を生みだすことができれば、この道を最初に歩んだ民族こそ欧州支配の資格を持つ。それが私の揺るぎない確信である（meine festeste Überzeugung）。

これまで数百年の我が民族の歩み、必然性に制約され定められた道を見渡す際、我々にはひとつ忘れてはならないことがある。民族形成に貢献しここに至った過去の出来事にはすべて苦難が伴ったことである。…

ゲルマンの戦士、ゲルマンの兵士、ゲルマンの政治家そしてゲルマン人（germanische Menschen）が２０００年にわたり、今ここに至るまで犠牲にしなければならなかったことすべてに思いを致そうではないか。

マルクス主義者のファシズム論に直接間接の影響を受け、ヒトラーを保守反動と捉える論者は多い。しかし、ヒトラーは階層的思考が濃厚な伝統保守勢力を敵視する反帝政の共和主義者であり、平等の成員からなるドイツ民族共同体の確立を目指していた。

ヒトラーの膨大な公開・非公開の文書・発言に基づき革命家としてのヒトラーという視点を提供したライナー・ツィテルマンのヒトラー論（Zitelmann, *Hitler*）の副題にもあるとおり、ヒトラーの、革命家であるという自己理解を真剣に受け止めない限り、国民社会主義を理解することはできない。

ヒトラーが実現しようとしたのは、マルクス主義に対する反革命（Konterrevolution）ではなく、もうひとつの革命（alternative Revolution）であった。ただし、それは無血の革命であり、激変を伴うことなく秩序だった社会変革を通じて徐々に実現する、あとになって革命だったとわかるタイプのものであった。

おもにツィテルマンに拠りながら、革命家ヒトラーが目指した国民社会主義に基づく社会とはどのようなものだったのかを記すことで、本書を締めくくりたい。

社会ダーウィニズムの徒であったヒトラーにとって、競争は民族の維持発展に不可欠であり、ユダヤ人排斥を除くと、民族の将来にとって決定的に重要な（Das Entscheidende）エリート選抜の基準として、金髪や高身長などいわゆる人種的要素は希薄で、個人の特性として何よりも重視したのは勇敢さ（Tapferkeit）と勇気（Mut）であった。

ヒトラーは、保身的で臆病とみなしたブルジョアジーではなく、労働者の活力を評価し、頑迷な伝統的支配層が労働者をマルクス主義政党に追いやってきたとみて、労働者にチャンスを与え、社会の流動性を促進しようとした点で、保守よりも共産主義者や社会民主主義者にシンパシーを感じていた。ブルーカラー労働の地位向上に努め、むしろそうした労働こそ価値があるとして、身分や階級といったものを打破しようとしたのである。

ヒトラーの国民社会主義を貫くのは、社会ダーウィニズム的「永遠の競争」（der ewige Kampf）そして「民族原理」（das völkishe Prinzip）である。競争の単位は人種に基づく民族であり、個人あっての民族ではなく、民族あっての個人であり、個人は民族に奉仕すべき存在であった。とはいえ、ユダヤ人の秩序だった追放を進めようとはしたけれども、ユダヤ人も含め他民族の絶滅や奴隷化を計画してはいなかった。

民族の福利向上に経済発展は欠かせない。ヒトラーは競争原理と計画性を共存させ、企業を国有化するのではなく、生産効率化に向け企業の活力を利用しようとした。ヒトラーは一部で主張されるような反近代の農村回帰論者ではなく、技術革新や工業化を推進した。

ヒトラーにとって国家（Staat）という仕組みは民族の維持発展のための手段であり、ドイツの伝統保守に顕著な国家そのものに価値があるという考え方とは無縁であった。むしろ、民族の福利向上を妨げる国家は打倒すべき対象なのである。ヒトラーはワイマール共和国を誕生させた社民党主導の十一月革命を厳しく批判したけれども、伝統保守と異なり、帝政を崩壊させたことは評価していた。ヒトラーにとって、十一月革命の問題は体制変革を目指す革命として不徹底だったことにあった。

ヒトラーの反共産主義は、むしろスターリン率いるソ連を高く評価し、ドイツに対する最大の脅威とみなしていたからこそであった。一方、英米仏のデモクラシーは経済を支配するものが政治も支配することになるとして、その価値を認めなかった。

一言で表現すれば、ヒトラーはナショナリズムと社会主義の融合を目指したのである。その成果はどうであったか。実際、1933年の政権獲得から1939年に第二次大戦が始まるまでの6年間、結局のところ大恐慌から抜け出せなかった米国を尻目に、ドイツでは経済成長が続き、社会の流動性は高まり、労働者から社会のエリートへの登用が進んだ。

かつて社民党や共産党を支持した労働者たちがヒトラーを支える基盤となる一方、反ヒトラーの中心となったのは伝統保守勢力であった。少なくとも戦争が始まるまでのヒトラーの人気は高く、もし直接選挙が行われていれば、圧倒的多数の支持を受け当選していただろう。

開戦直後、ゲーリングは反ユダヤ政策の中止とヒトラーの象徴的地位への棚上げを条件に英国に和平を申し入れた。もし、このとき和平が実現していたら、ドイツに限らず世界はどうなったであろうか。それは第二次大戦の惨禍に見舞われた現実の世界よりはましなものであったように思える。

良い戦争や悪い平和などこれまで一度もなかった　ベンジャミン・フランクリン

本書では、読みやすさを優先し、文中に注などは付していない。ただし、英米独の公文書やニュルンベルク裁判記録を除き、参照した文献はその都度、著者と書名のみ（ ）で示した。外国語文献を直接引用する際は、原則として拙訳を用い、既存訳を利用する場合は訳者名を明記し、固有名詞の訳語のみ本文と統一した。外国人名は、初出は姓名、それ以降は姓のみとした。

本文地図作成にあたり、Schultze-Rhonhof, *1939* 掲載の地図及び *The new Penguin atlas of recent history* を参考にした。本書の一部は、月刊誌『正論』（産経新聞社）に連載した「世界の『歴史』最前線」及びそれに基づく『日本人が知らない最先端の「世界史」』・『同2』（祥伝社）に依拠している。

最後に、個別の引用とは別にとくに参考にした文献を、最新版の刊行年・出版社名とともに記しておく。

S. Schiel (1999) *Logik der Mächte* (Duncker & Humblot).

S. Schiel (2009) *Fünf plus Zwei* (Duncker & Humblot).

S. Schiel (2009) *Churchill, Hitler und der Antisemitismus* (Duncker & Humblot).

S. Schiel (2013) *Ribbentrop* (Duncker & Humblot).

G. Schultze-Rhonhof (2019) *1939 - Der Krieg, der viele Väter hatte* (Olzog).

R. H. S. Stolfi (2011) *Hitler: beyond evil and tyranny* (Prometheus).

R. Zitelmann (2017) *Hitler: Selbstverständnis eines Revolutionärs* (Olzog).

＜著者略歴＞

福井義高（ふくい・よしたか）

青山学院大学教授。１９６２年8月、京都生まれ。東京大学法学部卒、カーネギー・メロン大学Ph.D.、米国ＣＦＡ。専門分野は会計制度・情報の経済分析だが、歴史に関する英独仏露西の各国語文献を精力的に読破し、その成果を雑誌や書籍で発表。

著書に『日本人が知らない最先端の「世界史」』『日本人が知らない最先端の「世界史」２（文庫改題「不都合な真実編」）』（以上、祥伝社）、『会計測定の再評価』『たかが会計』『鉄道は生き残れるか』(以上、中央経済社)、『「正義の戦争」は嘘だらけ！』（渡辺惣樹氏との共著・ワック）など。

教科書に書けないグローバリストに抗したヒトラーの真実

2023年８月10日　　　第１刷発行

著　者　福井義高

発行者　唐津 隆

発行所　株式会社ビジネス社

〒162-0805　東京都新宿区矢来町114番地 神楽坂高橋ビル5F

電話　03(5227)1602　FAX　03(5227)1603

https://www.business-sha.co.jp

〈装幀〉齋藤稔（株式会社ジーラム）

〈本文組版〉茂呂田剛（エムアンドケイ）

〈印刷・製本〉中央精版印刷株式会社

〈営業担当〉山口健志

〈編集担当〉中澤直樹

ISBN978-4-8284-2543-6